Dieser Katalog wurde anlässlich der Ausstellung

Kosher Nostra

Jüdische Gangster in Amerika 1890 – 1980

im Jüdischen Museum der Stadt Wien

vom 3. Dezember 2003 bis 25. April 2004 publiziert

Jüdisches Museum Wien

DAILY NEWS

Ich widme dieses Werk allen meinen Müttern,
sowie allen osteuropäischen, jüdischen Müttern und Frauen
mit ihren vielfältigen Schicksalen.

Hanna Anja Marchasina; Tauba Tatjana Dworkina;
Natalija Nikolajewna Dworkina, Geb. Dergunowa;
Assja Dworkina; Pavlina Elazar, Geb. Cakovic; Rikula Beraha;
Ester Lazar, Geb. Beraha; Eugenia Lind, Geb. Löffel;
Ruth Almog, Geb. Lind;
Jafa Scheindl Awrutzky, Geb. Schwajger;
Sara Stupensky, Geb. Tatarsky;
Dwora Kremin, Geb. Stupensky;
Malka Krejne Awrutzky, Geb. Kremin;
Riwka Abramowitz, Geb. Brenner; Sara Aronowitz;
Beraha Brejne Blank, Geb. Aronowitz;
Leah Lilly Abramowitz, Geb. Blank;
Zipora Felicia Almog, Geb.Abramowitz

Oz Almog

A Yiddishe Mame

(Lew Pollack/Jack Yellen, 1925)

Ikh vil hay aykh a kashe freygn
Sogt mir ver es kem
Mit velshe tayere fermeygens
Ventsht Got alemen
Men koyft es nit far kayne gelt
Dos git men nor umsist
Un dokh as men farlirt
Dos vi fil trern men fargist.
A tsveyte git men keynem nit
Es helft nit kayn geveyn,
Oy! ver es hot farloyrn
Der veys shoyn vos ikh meyn.

A Yiddishe mame
Es gibt nit beser in der velt
A Yiddishe mame
Oy vey, bi bitter ven si feylt
Vi sheyn unt likhtig is in hoys
Ven di mame's do
Vi troyrig finster vert ven Got
Nemt ir oyf ola habo

Du vaser unt fayer
Volt si gelofen far ir kind
Nit haltn ir tayer
Dos is gevis di greyste sind
Oy vi glikekh un raykh
Is der mensh vos hot
Asa sheyne matone
Geshenkt fun Got
Asa altitchke yiddishe mame,
mame mayn.
A Yiddishe mame mayne.

Ver bashikt un bahirmt dos kind,
Vi do shvartzapfl fun oyg?
Ver shloft nit durkh di lange nekht.
Ven es filt ir kind zikh shlekht?
Af dem tzu entfern iz nit shver,
Un yeder veys gevis.
Der nomen is undz zeyer tayer:
A mamenyu dos iz.

Ver gliklekh iz nor vi a mame,
Ven dos kind af di fis zikh shtelt?
Ver sholem vil nor, vi a mame,
Zol shaynen af der velt?
Es zoln bombes mer nit shrekn,
Iz ir grester vuns.
A mame vil, dos kind zol vaksn
Un zol zayn gezunt.

Herausgeber: Oz Almog im Auftrag des Jüdischen Museum der Stadt Wien

Idee und Ausstellungskonzept: Oz Almog

Bilder: Oz Almog 2002, 2003 (Öl/Leinwand, 30x30 cm)

Text: Oz Almog, Erich Metz

Mitarbeit: Erich Metz, Michaela Dauber, Petra Springinsfeld

Übersetzung: Angela Kupzik, Sabine Schmid

Ausstellungsarchitektur: Alexander Kubik

Grafik Katalog, Plakat und Folder: Jacqueline Godany

Repros: Jacqueline Godany

Druck: REMAprint, Wien

Dank an: Erich, Michaela, Petra, Roseanne, Angela, Lilo, Volod & Nathalie

Umschlagfoto: Daily News Archive, New York

Die Biographien wurden anhand gängiger Fachlexika zusammengestellt. Sollten trotz sorgfältiger Recherchen persönliche Gefühle verletzt worden sein, so lag dies nicht in der Absicht des Herausgebers.

ISBN 3-901398-33-3

OZ ALMOG

KOSHER NOSTRA

JÜDISCHE GANGSTER IN AMERIKA 1890 – 1980

Lower East Side
1916

INHALT

Kapitel VII LAS VEGAS/KUBA

Kapitel IX GANGSTERPORTRAITS A-Z

Kapitel XI

BIBLIOGRAPHIE / FILMOGRAPHIE

PROLOG

Die Schwierigkeit bei der Rekonstruktion der Geschichte jüdischer Gangster in den USA liegt vor allem im Mangel an nachweisbaren, exakt dokumentierten Ereignissen. Was in der Unterwelt tatsächlich geschah, ist von zahllosen Mythen und Legenden umwoben. Speziell die amerikanischen Chronisten der Kriminalität neigen zu Übertreibungen. Auch die Dokumente der Polizeibehörden und Gerichte streifen oft nur die Oberfläche dieser düsteren Geschichte. Ihr Kampf gegen das Verbrechen war häufig eine Abfolge von Hemmnissen und Notlösungen. Die Säulen des Rechtsstaates waren durchdrungen von einem massiven Korruptionsnetz. **Moe Dalitz**, ein in den nördlichen Bundesstaaten ansässiger jüdischer Boss, der sich im illegalen wie im legalen Geschäft gleichermaßen verdient gemacht hatte, brachte es auf den Punkt: „*Ich wusste wirklich nicht, dass meine Spielcasinos illegal gewesen sein sollen. Ich sah dort immer so viele Staatsanwälte, Richter und Politiker, dass ich dachte, das würde schon seine Ordnung haben.*“ Auch die Vertreter der legalen Welt beklagten diese Verflechtungen: „*Die Öffentlichkeit wäre verblüfft, wenn sie die Namen der Politiker beider Parteien erfahren, die zu mir kamen, um sich für Kriminelle zu verwenden,*“ erklärte Joseph Petrosino vom New York Police Department bereits im Jahr 1908.

Ein weiteres Problem der Analyse liegt in dem Umstand, dass die Unterwelt keine exakt nachvollziehbaren Strukturen erkennen ließ, wie etwa die historische preußische Armee. Die wissenschaftlich arbeitenden Historiker hatten ihre Schwierigkeiten, das Thema mit ihren gewohnten Gesetzmäßigkeiten der Seriosität und Beweisführung aufzuarbeiten. Allzu häufig stießen sie auf ein Konglomerat von substanzlosen Behauptungen von Insidern oder den ideell verzerrten Angaben offizieller behördlicher Stellen. Die wissenschaftlichen Historiker, die sich gemäß ihrer Tradition nur auf nachweisbare und schlüssige Fakten beschränkten, kreierten oft nur unvollständige Gebilde und einige bezweifelten sogar die Existenz einer Mafia nach allgemeinem Verständnis. „*Sie vertreten die es-gibt-keine-Mafia-Schulmeinung, egal wie viele Leichen auf den Straßen liegen,*" meinte ein Journalist dazu. Und es waren die Journalisten, die dieses Vakuum in der Dokumentation des organisierten Verbrechens nur allzu bereitwillig ausfüllten. Sie unterlagen nicht den gleichen Ansprüchen, wie die wissenschaftlichen Chronisten und Soziologen. Falsche Fakten, Ausschmückungen im Interesse der Sensation war für viele von ihnen Teil des Handwerks.

Spätestens seit Francis Ford Coppolas Dreiteilers „Der Pate" ist der Charakter der Mafia eine scheinbar entmystifizierte Angelegenheit. Coppolas cineastischer Epos als romantisierende Interpretation der organisierten Kriminalität zeigt eine Fokussierung auf die Geschichte der italienischen *crime families* in ihrem kulturellen, vorwiegend sizilianischen Ursprung, während Sergio Leones „Es war einmal in Amerika" die Geschichte fiktiver jüdischer Gangster erzählt. Der Begriff *Mafia* war nicht die Selbstbezeichnung der italienischen Gangs. Wegen der Parallelen zwischen ihren Machenschaften und den traditionellen sizilianischen Geheimbünden wurden sie von der Öffentlichkeit als *Mafia* tituliert. Auch die vielzitierte *Cosa Nostra* ist keine Eigendefinition. Joe Vallachi, einer der bekanntesten Kronzeugen gegen das organisierte Verbrechen berichtete, dass die Bosse ihre Art von Geschäfte als *Cosa Nostra* („unsere Sache") bezeichneten. Das FBI machte daraus „*La Cosa Nostra*" und die Öffentlichkeit hatte wieder eine neue begriffliche Schublade für diese schwer einzuordnende, mysteriöse Subkultur. Doch Vallachis Aussagen selbst schienen schon reichlich stilisiert. *„In Vallachi einen zuverlässigen Interpreten unserer Tradition zu sehen, wie es Polizei, Presse und Politiker taten, ist so, als würde man einen neu zum Christentum konvertierten in Papua-Neuguinea bitten, die inneren Mechanismen des Vatikans zu erklären,"* meinte Mafiaboss Joe Bonanno in „*A Man of Honor*".

Es gab keine rein jüdische Mafia, bzw. *Kosher Nostra* als eigenständige organisatorische Einheit neben der italienischen Mafia, beide ethnische Gruppen waren in der ersten Hälfte des 20. Jahrhunderts eng miteinander verwoben. So kann auch die Geschichte jüdischer Gangster nur im Zusammenhang mit der gesamten Entwicklung der organisierten Kriminalität in den Vereinigten Staaten verständlich gemacht werden. Die Juden beanspruchten selbstbewusst und nicht minder skrupellos ihren Platz neben den klassischen italienischen Familienclans. Ihre berühmtesten Vertreter waren **Meyer *„Little Man"* Lanksy, Benjamin *„Bugsy"* Siegel, Louis *„Lepke"* Buchhalter** und **Arthur *„Dutch Schultz"* Flegenheimer**. Die meisten von Ihnen unterschieden sich in ihrer Mentalität von den Italienern, als sie ihre illegalen Geschäfte isoliert von familiären Bindungen betrieben und eher das Licht der Öffentlichkeit scheuten. Sie kamen und gingen wie eine Generation kommt und geht, während die italienischen Bosse ihre Einflusssphäre weiter vererbten. Die Italiener errichteten ihre Dynastien, die jüdischen Bosse begründeten ihre Imperien. Die Italiener zogen ihre eigenen Söhne als Nachfolger für das „Familiengeschäft" heran. Sollte der Sohn für die elitäre Auslese nichts taugen, so nahm man den Sohn einer befreundeten Familie als potentiellen Nachfolger auf, indem man ihn mit einer seiner Töchter vermählte. Bei späteren Treffen italienischer Bosse nahm kaum noch einer teil, der nicht irgendwie mit einer der anderen Familien verschwägert oder verwandt war. In ihrem traditionell schwerblütigen, katholisch geprägten Hang zur Verklärung sahen sie sich selbst als „ehrenwerte Gesellschaft“ und als ebenso ehrenwert definierten sie ihre Geschäfte.

Die jüdischen Gangsterbosse hingegen waren Einzelgänger mit einer vergleichsweise pragmatischen Weltsicht, die es erst gar nicht zuließ, dass sie ihre Art von Geschäften mit dem Weihrauch einer „ehrenwerten Gesellschaft“ vernebelten. Im Allgemeinen hielten sie ihre gesamte Familie auf Distanz zu ihren Geschäften, eine familiäre Nachfolgefrage war für sie nicht von Bedeutung. Sie wurden zu Kriminellen, weil sie aus den sozialen Randschichten, denen sie entstammten entkommen wollten. Sie schufen die materielle Basis für ein legales Dasein ihrer Nachkommen. Nur wenige erreichten dieses Ziel. Die, die sie liebten, hielten sie jedoch von allen Gefahren und Risken ihres gefährlichen Lebens fern. Manche ihrer Ehefrauen hatten höchsten eine diffuse Ahnung, welche Art von Geschäften ihre Ehemänner nachgingen.

Die jüdischen Gangster unterhielten zwar genauso ihre Gangs aus Killern und Handlangern, die ihre Macht absicherten, doch nicht ihre Familie, sondern ihre eigene Person war der

Machtfaktor. Die Entwicklung der New Yorker Unterweltszene von einander rivalisierenden sizilianischen Clans zu dem überregionalen, ethnisch gemischten Syndikat, der *Commission*, war vor allem das Werk des Sizilianers *Charles „Lucky" Luciano*, dessen Macht und Einfluss dem vielzitierten Titel *Capo di tutti Capi* (Boss aller Bosse) noch am nächsten kam, sowie des Juden Meyer Lansky, seinem engen Freund und Partner. Die Entstehung dieses Syndikates oder richtig gesagt – der *Commission* – war die entscheidende Phase in der Entwicklung der organisierten Kriminalität und die Gangsterbosse jüdischer Herkunft hatten daran maßgeblichen Anteil. Es war anfangs noch keine oberste, hierarchische Instanz der gesamten Unterwelt, eher eine Koordinationsstelle, am ehesten noch vergleichbar mit dem Vorstand eines multinationalen Konzerns. Luciano war die Schlüsselfigur für die Karriere der bekanntesten jüdischen Gangster, da er mit den ethnischen Abgrenzungen der früheren Mafiabosse brach und seine jüdischen Freunde mit ins Spiel brachte, die ihm letztendlich auch zu seiner Vormachtstellung verholfen hatten.

Anmerkungen:

Trotz unseres Bemühens um Authenzität können wir keine Garantie für den Wahrheitsgehalt in allen Details der Darstellungen übernehmen. Zu diffus, zu widersprüchlich und spekulativ sind in vielen Fällen die Quellen und Überlieferungen. Alle wörtlichen Zitate der handelnden Personen entstammen Quellen, die bereits publiziert wurden. Die Namen von Gangstern jüdischer Abstammung erscheinen bei erstmaliger Erwähnung im Fettdruck.

Kapitel I

DIE FRÜHEN BOSSE

Gangs of New York

Nach Ende des Bürgerkrieges zwischen den Nord- und Südstaaten vollzog sich in den USA der Wandel von einer Agrar- zur Industrienation. Die Landwirtschaft blieb vor allem eine Domäne des Südens und des Mittelwestens, während sich in den großen Städten des Nordens und Ostens die frühkapitalistische Industrialisierung rasant entwickelte. Der legendäre „Wilde Westen“ war in seine letzte Phase getreten und die noch übrigen Indianer wurden in ihre schäbigen Reservate gedrängt. Bereits 1869 war die erste transkontinentale Eisenbahn fertiggestellt. Telefon, Glühbirne und Grammophon waren Kinder der neu entstandenen Elektroindustrie. Riesige Firmenverbände – die Trusts – kämpften um Monopolstellungen in den Branchen, bis sie 1890 durch den *Sherman Antitrust Act* aufgelöst wurden. Durch die massiv vorangetriebene Automatisierung in der Produktion sank die Nachfrage nach Fachpersonal und es gab entsprechend viele Arbeitslose. Die Nachfrage nach ungelernten Kräften, die man unter den Massen von Einwanderern fand, stieg dagegen an. Mit den neuen Entwicklungen entstanden auch neue Probleme in den urbanen Bereichen der Ostküste: die Slums, ihr soziales Elend und die damit eng verflochtene Entwicklung der organisierten Kriminalität.

Die große Bandenkriminalität war keine Erfindung des 20. Jahrhunderts. In den Straßenschluchten New Yorks tobten die Unterweltkriege bereits vor den großen Einwanderungsströmen um 1900. Die kriminellen Gangs in den Städten waren damals mit Schlagstöcken, Schlagringen und Messern für den Nahkampf bewaffnet. Sie beeindruckten durch ihre Massenaufmärsche. Bei größeren Zusammenstössen wurden auch Feuerwaffen verwendet. Die „Reviere" der verschiedenen Banden waren Territorien im wahrsten Sinn des Wortes. Im Falle eines Großangriffs einer gegnerischen Gang wurden ganze Straßenzüge verbarrikadiert. Manchmal musste das Militär zu Hilfe gerufen werden, wenn die Polizei die Lage nicht mehr unter Kontrolle brachte. Im Gewaltpotential stand der „Raue Osten" in den großen Städten dem „Wilden Westen" um nichts nach. Eine kitschige, musicalartige Inszenierung dieser Epoche ist der Film *„Gangs of New York"* von Martin Scorsese nach dem gleichnamigen Buch von Herbert Asbury.

Zahlenmäßig dominierten die Iren, die im sozialen Elend von „Hells Kitchen" lebten, die Bandenkriminalität, einige der namhaften Bosse waren jedoch auch Italiener und Juden. Die meisten Gangs waren ethnisch gemischt. In den ethnisch-kulturell besonders isolierten Vierteln wie etwa „Little Italy", wo fast nur italienische Familien wohnten, oder im chinesischen „Chinatown" war die Mordrate proportional noch höher als in den anderen Gebieten der Lower East Side New Yorks. Außerhalb der sizilianischen und chinesischen Gebiete dominierten die klassischen, ethnisch gemischten Banden weite Bereiche Brooklyns und der Lower East Side. Da gab es die legendären *Five Pointers* unter Führung von *Paul Kelly*, der in Wahrheit

Paolo Vacarelli hieß. Für einen ehemaligen Preisboxer wie ihn, war es damals en vogue, sich einen irisch klingenden Namen zu geben. Die Five Pointers hatten sich aus den Überresten der früheren *Dead Rabbits*, der *Plug Uglies* und den Resten der *Whyos* gebildet. Ein weiterer Machtfaktor waren die gefürchteten *Gophers*, die allerdings so wild und rebellisch waren, dass sie keiner ihrer Bosse lange unter Kontrolle halten konnte.

Der lange Arm des Monk Eastman

Den *Gophers* und den *Five Pointers* gegenüber stand einer der ersten großen jüdischen Gangster, **Edward „Monk Eastman" Ostermann** (geb. 1873). Sein Beiname „Monk" bedeutete nicht etwa, er hätte etwas mönchisches an sich, es war vielmehr eine Verkürzung von „Monkey", in Anspielung auf seine langen Arme und seine Art, sich zu bewegen. Wie Kelly, sein Gegenspieler von den *Five Pointers,* war er ebenfalls ein ehemaliger Boxer und herrschte bereits über eine gewaltige Straßengang von mindestens 1000 Mann. Er hatte die *Whyos* zerschlagen und war einer der ersten, der Politiker bestach. Seine Gang und die Five Pointers standen jahrelang unter dem Schutz des Politikers

„Big“ Tim Sullivan. Als Gegenleistung sorgten die Gangs regelmäßig für entsprechende Wählerstimmen, oft auch durch Zwangsmaßnahmen und Gewaltandrohung, das nannte man dann „Get out the vote drive“ . Eifrig, wie die Eastmans waren, standen sie am Wahltag früh auf, um sicherzustellen, dass die guten Bürger auch alle zur Wahl gingen und die „richtige“ Stimme abgaben.

Obwohl es Eastman nicht notwendig hatte, legte er gerne selbst Hand an seine Gegner: *"Ich liebe es, gelegentlich einen Kerl selbst aufzumischen, das hält mich fit,"* bekannte er freimütig. Sein massiver Schlagstock war voller Kerben, eine für jedes Opfer. Einmal schlug er einem unbeteiligten Passanten den Schädel ein, nur um seine 50. Markierung zu bekommen. Ebenso gerne verwendete er Schlagringe, die er höflicherweise nur dann abnahm, wenn er seine Prostituierten schlug. Die Rettungsfahrer tauften die Unfallstation des nahen Krankenhauses bereits *„Eastman-Pavillon“.* Seine Leute nannten sich schlicht die *Eastmans*, was bewies, wie sehr die Gang am Stigma ihres Bosses orientiert war. Als legale Fassade besaß Eastman auch eine Tierhandlung. Er mochte Tiere ganz besonders, und in seinem Herrschaftsbereich war es ratsam, Hunde und Katzen gut zu behandeln. Ein weiterer seiner legalen Geschäftszweige war ein Fahrradverleih. Die kleineren Gangs, die um Eastmans Gunst warben, veranstalteten daher einmal wöchentlich einen „Fahrradtag“, um seine Kasse aufzubessern.

Am Höhepunkt seiner Macht befehligte Eastman auch Kleingruppen von Einbrechern, Dieben und Schlägern. Sie trugen Namen wie „Flea Bag“ (Flohbeutel), „Bucket of Blood“ (Eimer voll Blut) oder „Suicide Hall“ nach einem beliebten Treffpunkt. Neben den üblichen Einnahmequellen von Glückspiel, Schutzgelderpressungen („Racket“, „Racketeer“) oder Prostitution, bot Eastmans Gang auch die üblichen Gewalttaten „auf Bestellung“. Preisgünstig waren „Kopfschläge“ oder „Biss ins Ohr“ für nur 15 Dollar. Ernsthaftere Formen der Gewalt bis zum Mord kostete dann schon ab 100 Dollar aufwärts. Bei den damaligen Morden im Dunstkreis der Unterwelt, herrschte unter den Tätern weitverbreiteter Aberglaube, vor allem im traditionell-spirituellen Umfeld der sizilianischen Mafia, oder den Gruppen der „Mano Nero“ („Schwarze Hand“). Aber auch nichtitalienische Gangster wie Eastman glaubten an die „Dead Man´s Eyes“. Diesem alten Mythos nach brennt sich die letzte Szene, die eine Person im Moment ihres Todes sieht, in die Netzhaut ein. Um zu vermeiden, dass der Mörder in dieser Szene auf diese Weise „abgebildet“ bleibt, war es üblich, den Opfern die Augen herauszuschießen. Auch Eastman wollte immer ganz sicher gehen. Bei einer frühen Mordtat um 1900 lief er nach vollbrachter Tat noch einmal die drei Stockwerke zum Tatort hinauf, um den Leichen seiner Opfer die Augen herauszuschießen.

Die *Eastmans* und Paul Kellys *Five Pointers* lieferten sich blutige Schlachten mit zahlreichen Toten. Sie marschierten in Massen auf der Straße, Autos waren damals noch selten. 1901 überlebte Eastman nur knapp ein hinterhältiges Attentat durch die Five Pointers. 1903 kam es zu einer Massenschießerei auf der Rivington Street in der Hafengegend der Lower East Side. Die meisten Bandenmitglieder waren keine ausgebildeten Schützen und bewegten den Revolver beim Schießen wie eine Hieb- oder Stichwaffe, so wie man es in alten Stummfilmen sieht. Deswegen gab es bei solchen Spektakeln noch relativ wenige Verletzte oder Tote. Unbeteiligte Passanten waren aber umso mehr in Gefahr. Die Schießerei zwischen den Eastmans und den Five Pointers dauerte über eine Stunde. Mittendrin kamen noch einige der dritten

Fraktion, der *Gophers* hinzu und schossen einfach mit, ohne genau zu wissen, worum es eigentlich ging. Dann kamen noch an die 500 bewaffnete Ordnungshüter hinzu und das Schlachtfeld zog sich über zwei Meilen hin. Die Schlacht endete erst, als den Gangs die Munition ausging. Erstaunlicherweise gab es nur drei Tote und sieben Verletzte. Die durch und durch korrumpierten lokalen politischen Machthaber gerieten durch die ungebärdigen Gangs zunehmend in Verlegenheit und begannen sich von ihnen zu distanzieren. Friedliche Lösungen dieser Konflikte waren nicht in Aussicht. 1904 standen sich die beiden ehemaligen Boxer Eastman und Kelly im Ring gegenüber, um so die Entscheidung über die Herrschaft herbeizuführen. Der Kampf wurde nach der Erschöpfung beider Bosse unentschieden abgebrochen. Der Anfang vom Ende von Eastmans Macht war seine Verhaftung 1904. Er hatte sich am Sohn eines prominenten New Yorkers vergriffen und seine politischen Freunde in *Tamany Hall* gingen auf Distanz. So landete er wegen „*Highway Robbery*" im berüchtigten Gefängnis Sing Sing. Doch auch sein Erzfeind, Paul Kelly geriet unter Druck der Behörden. Er zog einen Wechsel ins legale Geschäft dem Gefängnis vor und wurde Immobilienmakler. Die Gangs der Eastmans und der Five Pointers, beide auf die

Persönlichkeit ihrer Führer fixiert, zersplitterten in den erbitterten Nachfolgekämpfen. Eastmans nomineller Stellvertreter **Max „Kid Twist“ Zweibach** (geb. 1884) hielt sich nicht lange. Er starb im Kampf gegen die *Five Pointers* auf offener Straße.

„Big Jack“ Zelig

Die Splittergruppen, die sich im New York des angebrochenen 20. Jahrhunderts aus den Resten der beiden großen Gangs formierten, wurden vorwiegend von jüdischen Bandenführern dominiert. Aus dem Umfeld der Five Pointers kam **John „Johnny Spanish“ Weiler** (geb. 1886). Schon in jungen Jahren hatte er die Karriere des Berufsverbrechers eingeschlagen. Sein Ruhm in der Szene basierte auf einem Überfall auf einen Saloon, den er vorher überall angekündigt hatte und dann auch pünktlich genau durchführte. Noch dazu tat er es alleine, nur ein Assistent zum Abtransport der Beute war dabei. Um seine Geliebte zu beeindrucken, überfiel er ein Casino eines anderen Gangsters. Bei dem Schusswechsel tötete er irrtümlich ein 8-jähriges Mädchen, das auf der Straße spielte. Er floh aus der Stadt. Als er nach ein paar Monaten zurückkehrte, stellte er erzürnt fest, dass sich seine

Herzensdame mit einem anderen Bandenführer eingelassen hatte. Er entführte die Hochschwangere in eine entlegene Gegend, stellte sie an einen Baum und schoss ihr mehrmals in den Unterleib. Als sie mehrere Stunden später schwer verwundet von der Polizei gefunden wurde, hatte sie ihr Kind zur Welt gebracht. Dem Kind fehlten durch die Schüsse drei Finger. 1911 wurde Johnny Spanish verhaftet und verbrachte sieben Jahre im Gefängnis.

Zu den schillernden Gestalten dieser Zeit gehörte auch ein gewisser **John „Spanish Louie" Lewis** oder **„Indian Louie"** (geb. 1886), dessen wahre Identität zu Lebzeiten ungeklärt war. Er war eher ein Einzelgänger und behauptete sich in der Szene durch einen respektablen Mythos, den er um seine Gestalt wob. Er machte gerne vage Andeutungen über seine spanische oder portugiesische Herkunft oder auch, dass er von Indianerhäuptlingen abstammte. Er ließ jedoch durchblicken, dass er nur ihre Laster, nicht aber ihre Tugenden geerbt hätte. Seine Erscheinung entsprach seiner Legendenbildung. Die finsteren Augen blickten unter einem breiten, schwarzen Sombrero hervor, seine beiden Colts waren die größten der gesamten Unterwelt. In den Hosenbeinen hatte er Futterale für zwei 20 cm Dolche eingenäht. Keiner wusste so recht, ob er wirklich so gefährlich war, wie er aussah. Der Mythos hielt nicht ewig. Seine von Kugeln durchlöcherte Leiche wurde eines Tages in einer Seitengasse gefunden. Erst als ein Mann aus Brooklyn Anspruch auf den Leichnam erhob, und ihn nach jüdischem Ritus bestatten ließ, wurde seine wahre Abstammung bekannt.

Der einzige, der aus den Überresten der Eastmans eine bedeutende Gang formen konnte, war **Harry Zelig Lefkowitz** alias **„Big Jack Zelig“** (geb. 1888). Er begann schon in früher Jugend als aufstrebender Taschendieb. Zelig profitierte von seinem kindlichen, unschuldigen Aussehen und seinem schauspielerischen Talent. Einmal auf der Anklagebank, ließ der Jugendliche seine großen, rehbraunen Augen in Tränen zerfließen und aus seinem Munde kam ein berührendes Manifest der Unschuld, der Betroffenheit und Bestürzung. Einer der Bestohlenen war davon so gerührt, dass er Zelig sogar den zuvor gestohlenen Diamantring schenkte. Mit der langen, schlaksigen Gestalt des inzwischen 20jährigen war die gleiche Wirkung nicht mehr zu erzielen, also änderte er seine Strategie. Verzweifelt stürmte eine seiner Gefährtinnen in die Gerichtsverhandlung und flehte melodramatisch um Gnade für den vermeintlichen „werdenden Vater", der nur stahl, um seine künftige Familie zu ernähren. Nur wenige Richter durchschauten das Spiel, die meisten zeigten sich gnädig. Später schloss sich der rührige junge Mann den Eastmans an und wurde durch seinen gekonnten Umgang mit Revolver und Totschläger zu einem der engeren Vertrauten von Monk Eastman. Nach Eastmans Verhaftung und dem Tod seines Nachfolgers Max „Kid Twist" Zweibach scharten sich die aufstrebenden, jungen Totschläger und Mörder um Zelig. Die Zelig-Gruppe verdiente unter anderem auch Geld mit Auftragsmorden und Anschlägen. Ein weit verbreiteter Geschäftszweig, der sogar eine Art „amtliche" Preisregelung verlangte:

Messerschnitt ins Gesicht	*$*	*1-10*
Schuss ins Bein	*$*	*1-25*
Schuss in den Arm	*$*	*5-25*
Bombenanschlag	*$*	*5-50*
Mord	*$*	*10-100*

Itzik „Chick" Tricker und Jack Scirocco waren die anderen beiden Bosse, die Reste der Eastmans vereinnahmt hatten. Nach anfänglicher Kooperation ging Zelig massiv gegen die beiden vor. Zelig selbst wurde bei einem Attentat durch drei Kugeln verletzt, seine Leute übten massive Vergeltung. Erst als die Polizei, aufgescheucht durch den fanatischen Bandenkrieg, zahlreiche Verhaftungen vornahm, wurden die Kontrahenten zurückhaltender. Zelig, der vor allem das Glückspiel unter seine Kontrolle gebracht hatte und gut daran verdiente, hatte ständig um seine Macht zu kämpfen. Um seine Gegner kaltzustellen, gab er gelegentlich auch den Behörden einschlägige Hinweise. Bei einer Gerichtsverhandlung sollte er als Zeuge der Anklage gegen seine Rivalen aussagen. Einen Tag vor der Verhandlung starb er durch ein Attentat.

Als Monk Eastman 1914 aus dem Gefängnis entlassen wurde, war von seiner Macht nichts mehr übrig, seine Armee war unter seinen Nachfolgern aufgeteilt worden, sein großes Stigma dahin. Lediglich ein Dutzend alter Getreuer folgte ihm, um im Schatten der großen Gangs der Kleinkriminalität nachzugehen. Als die Vereinigten Staaten 1918 in den Ersten Weltkrieg eintraten, ging

Eastman zur Armee. Die Ärzte staunten bei der Musterung über seine zahlreichen Schuss- und Messernarben. „*Ich habe schon in New York an ein paar Kriegen teilgenommen*," bemerkte er ironisch. In den Schützengräben Frankreichs diente er unter dem Aliasnamen *William Delaney* in der 27en Infanteriedivision, den *„O'Ryan's Roughnecks"*, und wurde wegen Tapferkeit mehrfach ausgezeichnet. Wieder aus der Armee entlassen, holte ihn die Vergangenheit ein. Eastman hielt sich noch eine Zeitlang mit dem Produzieren von illegalem Alkohol über Wasser. Gegenüber seiner früheren Position war das eher ein bescheidenes Dasein. Im Dezember 1920 wurde sein von fünf Kugeln durchlöcherter Leichnam in den Straßen New Yorks aufgefunden, als eines von vielen Opfern der Prohibitionskriege der Unterwelt. Als ehemaliger Kriegsheld wurde er jedoch mit allen militärischen Ehren bestattet.

Die Letzten der alten Generation

Nach Zeligs Ende sammelten sich viele der kleineren Gangs unter dem Banner von **„Dopey" Benny Fein** (geb. 1891), der nicht rauschgiftsüchtig war, wie sein Beiname vermuten lässt, sondern von Kind an Probleme mit Polypen in der Nase hatte, dadurch einen mürrischen, schläfrigen Eindruck erweckte und eine näselnde Stimmlage hatte. Die Schlägerbrigaden von Dopey Benny dienten sich den Gewerkschaften zur Absicherung von Streiks an. Unter ihnen befanden sich junge tatendurstige Teenager, die später zu wahren Branchengrößen aufsteigen sollten, wie der künftige Prohibitions-profiteuer **„Waxey“ Gordon**, **Louis „Lepke“ Buchalter** oder **Jacob „Gurrah“ Shapiro** (siehe nächstes Kapitel). Obwohl „Dopey“ bei seinen diversen Gerichtsverhandlungen treuherzig bekannte, er würde immer nur im Dienste der Gewerkschaften stehen, weil sein Herz für die Arbeiter schlage, so diente er in Wahrheit dem, der am meisten bot. Gegebenenfalls fungierte seine Bande auch als Streikbrecher im Interesse der Unternehmer. Seine mächtige Organisation zerfiel nach seiner Verhaftung 1915.

Der Vater des Kindes, das dank des grausamen, schießwütigen Johnny Spanish mit drei Fingern weniger heranwuchs, war **Nathan „Kid Dropper“ Caplin** (geb. 1891), der aus dem Kreis der ehemaligen Five Pointers stammte. Seinen Beinamen (drop: fallen lassen) bekam er durch seine Betrugstaktik eine Brieftasche voller

Falschgeld fallen zu lassen, sie aufzuheben, und den nächstbesten Passanten zu überreden ihm den Finderlohn vorzustrecken, da er in Eile sei. Noch war er ein zweitklassiger Gangster, als seine Karriere ebenfalls durch eine Verhaftung unterbrochen wurde. Seine Sternstunde sollte erst nach seiner Entlassung 1918 kommen. Er sollte das durch „Dopey" Benny Feins Verhaftung entstandene Vakuum im lukrativen Gewerkschafts-Racketeer füllen. Diese Macht teilte er ausgerechnet mit dem ebenfalls inzwischen aus dem Gefängnis entlassen Johnny Spanish, dem Mann, der „Kid Droppers" Kind noch im Mutterleib drei Finger weggeschossen hatte. Gab es anfangs noch ein Zweckbündnis der beiden Bosse, um sich gegen die stark konkurrierenden Kleingruppen durchzusetzen, entstanden erwartungsgemäß bald Spannungen in dieser Vernunftehe, da jeder der beiden den alleinigen Anführerstatus beanspruchte. Bald lieferten sie sich offene Schlachten mit zahlreichen Toten. Doch „Kid Dropper" war der geschicktere. Er fand heraus, dass Johnny Spanish am 29.7.1919 einen Tisch in einem New Yorker Restaurant reserviert hatte, wo er auch pünktlich ohne die üblichen Bodyguards erschien. Es war seine Henkersmahlzeit. Als er die Straße betrat, wurde er von drei Killern getötet. Einer davon war angeblich Kid

Dropper selbst. Kid Dropper wurde in den Folgejahren seinem Ruf als mächtigster Boss seit Monk Eastman gerecht. Er änderte sein schmuddeliges Image durch ein reichlich schrilles, exzentrisches Erscheinungsbild. Seine Schuhe hatten ein gepunktetes Muster, sein Gewand war von bunter Farbenpracht.

Doch anfangs der 20er Jahre gab es noch andere, die ihre Finger in der einträglichen Gewerkschaftsbranche hatten. **Jacob „Little Augie“ Orgen** (geb. 1896) führte eine Gang, die sich aus früheren Leuten der Dopey Benny Fein-Organisation rekrutierten. Sie bekämpften die größere Gruppe von Kid Dropper nachhaltig, und waren weit gefährlichere Gegner als etwa Johnny Spanish. Zwischen 1922 und Mitte 1923 kostete die blutige Fehde zwischen den beiden Gangs 23 Leben. Die aggressiven Killer Louis Lepke und Gurrah Shapiro, die Little Augie aus der alten Dopey Benny Fein-Gang übernommen hatte, erwischten „Kid Dropper“ einmal beinahe, doch er hatte noch einmal Glück. Bei dem Schusswechsel wurden einer seiner Männer und ein unbeteiligter Passant getötet. „Augie“ ahnte noch nicht, welche Nattern er mit „Lepke“ und „Gurrah“ an seinem Busen genährt hatte. Es war dann schließlich Louis „Louis Cohen“ Kerzner, der

Droppers Karriere beendete. Während einer schwerbewachten Überführung Droppers von einer Gerichtsverhandlung zu einer anderen, stieg er in einen Polizeiwagen ein, wo er von dem aus der Menge hervordrängenden Kerzner erschossen wurde. Little Augie beherrschte danach unangefochten die Gewerkschafts-Racketeers. Sein strategischer Fehler war, dass er versäumte, seine Organisation dem neuen Stil der Unterwelt anzupassen. Er wollte eine Streitmacht nach dem alten, überholten Muster der Five Pointers und der Eastmans führen, deren kriminellen Taten kurzfristige Gewinne einbrachten, doch keine langfristig profitablen Strategien hatten. Immer mächtigere Feinde erwuchsen ihm mit dem sagenhaften „Mr. Big“ der Unterwelt **Arnold Rothstein** (siehe nächstes Kapitel) und Anderen. Der Generationswechsel hatte sich bereits vollzogen, als „Little Augies“ Macht fast schon traditionsgemäß durch ein Attentat endete. Diesmal hatten „Lepke“ und „Shapiro“ ihren eigenen Boss auf Korn genommen. Doch sie waren auch stellvertretend für einen Stilwechsel zu einem moderneren, effizienteren Gangstertum, das ganz wesentlich von jüdischen Gangstern entwickelt und geprägt werden sollte. Orgen wurde in einem kirschroten Sarg zu Grabe getragen. Darauf befand sich eine

Silberplatte mit der Aufschrift *„Jacob Orgen, Alter 25 Jahre"*. In Wirklichkeit war er bereits 33 Jahre alt. Aber 8 Jahre zuvor war er zum Gangster geworden und bereits ab diesem Tag hatte ihn sein Vater, ein strenggläubiger, rechtschaffener Jude, für tot erklärt.

Kapitel II

DIE NEUE HEIMAT

Vorwiegend Iren, Italiener, Deutsche und Juden zog es um die Jahrhundertwende in die Vereinigten Staaten. In den Städten der Ostküste waren zahlreiche Betriebe und Fabriken entstanden, es gab grossen Bedarf an billigen Arbeitskräften. Das klassische Einwanderungsland war die große Hoffnung der Vertriebenen, Geknechteten und Ehrgeizigen. Ein bedeutender Teil der Einwanderungsströme kam in den Hafen von New York. So wurde diese Stadt zum vielzitierten Schmelztiegel der Nationen.

Den Menschen, die wie Trauben auf dem Oberdeck der überfüllten Schiffe hingen, bot sich bei der Ankunft der symbolträchtige Anblick der Freiheitsstatue auf Liberty Island.

Gleich danach kam Ellis Island mit der ausufernden Anlage der Einwanderungsbehörde. Der 1855 errichtete klassische Bau mit den rotbraunen Wänden war in typisch amerikanischer Großzügigkeit errichtet worden. Zahllose Stiegen, weitläufige Warteräume mit langen Bankreihen und die engen Korridore zwischen den Eisengittern sollten die Einwandererströme kanalisieren. Alle, die das Land ihrer Hoffnung betreten wollten, mussten hier durch. So groß die Anlage auch dimensioniert war, sie erstickte förmlich in den ankommenden Menschenmassen. Im Jahr 1907 gingen über 1 Million Menschen durch die Anlage.

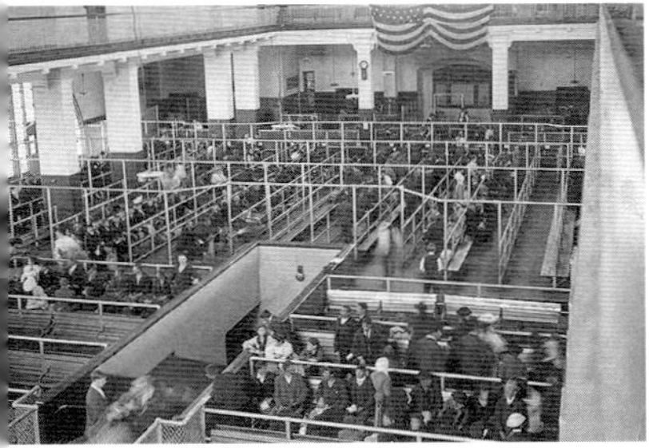

Ankunft in Ellis Island 1908

Photo: Municipal Archives of the City of New York

An einem Rekordtag kamen 11.747 Einwanderer. Man schätzt, dass heute 40 % der Bürger der USA Vorfahren haben, die durch Ellis Island gingen. Die Menschen mussten dort lange, ermüdende Wartezeiten ertragen. Für die Aufnahme der Personalien hatten die überforderten Beamten im Schnitt gerade 6 Sekunden pro Person Zeit. Am Ende der Prozedur gab es das obligate Kreidezeichen am Rücken, das über das weitere Schicksal entscheiden sollte und schließlich noch für viele eine 20-tägige Quarantäne bei Seuchenverdacht. Bis 1920 wurden nur 2 Prozent der Einreisewilligen abgewiesen, erst später wurde die Einwanderungspolitik restriktiver.

Die jüdische Einwanderungswelle zwischen 1880 und 1920 war bereits die dritte und auch die größte. Vorwiegend flüchteten Familien aus Russland und Polen in das „gelobte Land“. Die zaristischen Repressalien und Pogrome machten das Leben in ihrer Heimat zunehmend unerträglich. In dieser Strömung waren vorwiegend orthodoxe Juden oder Schtetljuden. Sie unterschieden sich sozial, kulturell und spirituell von den bereits etablierten Juden an der Ostküste und den jüdischen Einwanderern aus Westeuropa. Die meisten von ihnen blieben in New York. Gab es dort um 1880 etwa 60.000 jüdische Einwohner, so waren es um 1914 bereits an die 1,5 Millionen. Um die Jahrhundertwende waren 29 Prozent der Bürger New Yorks jüdischer Abstammung, der nie wieder erreichte Spitzenwert von1920 lag bei 40 Prozent Juden in New York. Vorwiegend siedelten sie in Brooklyn und an der Lower East Side auf der Halbinsel Manhattan. Eine besonders konzentrierte jüdische Population gab es in den Vierteln Brownsville und Williamsburg, Brooklyn. War Brownsville um 1900 gegen die Lower East Side noch eher eine Siedlung mit dörflichem Charakter, so war es zwanzig Jahre später bereits die am dichtesten besiedelte Wohngegend der Vereinigten Staaten. Es gab dort 70 Synagogen und sogar eine Maurische Enklave. Doch Viele zog es wegen der Arbeitsplätze in die Lower East Side. Hauptsächlich wegen der traditionell jüdisch dominierten Bekleidungsindustrie, der Tabakindustrie oder dem Handel. Die Besitzer der Betriebe waren oft früher eingewanderte, etablierte deutsche Juden (Jekes). Die waren vor allem um ihr Ansehen besorgt und demonstrierten ihre Distanz zur Masse der Osteuropäischen Juden, indem sie sie als „*Kikes*“

Essex Street,
Lower East Side 1911

Photo: Municipal Archives
of the City of New York

titulierten, wegen der häufigen Namensendungen „-ki“ oder „-ky“, ein Ausdruck, der später von amerikanischen Antisemiten übernommen wurde. Die Situation der Beschäftigten war trist. Die USA begannen erst gerade, ihre Sozialgesetzgebung zu reformieren. Der Arbeitstag hatte 14 Stunden, 6 Tage die Woche und die Löhne waren lausig, da durch die ständig zuströmenden Billigarbeitskräfte ein hoher Lohndruck entstand. Noch mehr als zuvor die Iren organisierten sich die Juden in Gewerkschaften. Sie waren kaserniert in stickigen Mietsbaracken. Tuberkulose grassierte und die Sterblichkeit war höher, als in der Heimat, wo die Menschen noch auf freien Feldern in frischer Luft gearbeitet hatten. Aber wo viele Juden wohnten, gab es wenigstens koscheres Essen, man sprach überall jiddisch, und am Sabbat wurde in jüdischen Betrieben nicht gearbeitet. Gemessen an den Zuständen in ihren Herkunftsländern schien es den meisten noch erträglich.

Der amerikanische Virus

Die Straßen der Lower East Side liefen gitterförmig durch die Reihen der von den Feuerleitern überzogenen charakteristischen Ziegelbauten. Sie waren voll von Händlern, Marktkarren und einem pulsierenden Gemisch von Menschen. Automobile waren noch ein seltener Anblick. Es gab das bunteste, anrüchigste Straßenleben. Die Prostituierten saßen auf Stühlen mitten auf dem Gehsteig und boten sich an wie auf einem Bazar. Spieler, Zuhälter und Kleinkriminelle aller Varianten bevölkerten die Szene. Der Virus der ausufernden Kriminalität unter den Neuzuwanderern schien den jüdischen Bevölkerungsteil nicht weniger erfasst zu haben, wie den italienischen. Dass die aus osteuropäischen Gegenden stammenden Juden, die für ihre ausgesprochene Gesetzestreue bekannt waren, da keine Ausnahme machten, das nannte man den „amerikanischen Virus". Einige der zeitgenössischen Berichte über die jüdischen Viertel in der Lower East Side nahmen sich wenig schmeichelhaft aus und grenzten an Rassismus. Dennoch war die Mehrheit der jüdischen Einwohner gesetzestreu und redlich, ebenso wie in der benachbarten italienischen Bevölkerung, die unter dem Stigma der Mafia litt. *"Die Juden, die aus der Alten Welt verstoßen wurden, in der Neuen Welt empfangen wurden, hatten manchmal Makel, die sie nicht mitbrachten, sondern die ihnen hier zugefügt wurden",* schrieb Jacob Riis bereits 1896 in seiner entlarvenden Dokumentation über die Verhältnisse des "*anderen New York*" – der Lower East Side.

Die überforderte Polizei fand allerdings in den jüdischen Vierteln noch eher Unterstützung durch gesetzestreue Bürger, als etwa in *Little Italy*. *„Das Problem ist, dass italienische Straftäter sofort Zuflucht hinter ethnischer Zugehörigkeit und Nationalstolz suchen, und viele ansonsten gesetzestreuer Landleute es als ihre patriotische Pflicht ansehen, diesen Kriminellen vor dem Gesetz zu schützen..."* meinte Polizeichef William McAdoo. Gefürchtet war in den italienischen Wohngegenden vor allem die *Mano Nero*, die „Schwarze Hand", die als Synonym für Schutzgelderpressungen galt. Die Schwarze Hand war keine einheitliche Organisation, sondern ein Überbegriff für einzeln oder in Gruppen operierende Verbrecher, die unabhängig voneinander ihre Reviere kontrollierten und unter dem Schutz der sizilianischen

Mafiabosse standen. Gegen entsprechenden Tribut, versteht sich. Ignazio Saietta, genannt „Lupo, der Wolf" war ein solcher Boss nach klassischem Muster der Mafia. Der Schutzherr der *Mano Nero* regierte uneingeschränkt die italienischen Viertel. Die, die ihn herausforderten, hatten keine hohe Lebenserwartung. Seine abergläubischen sizilianischen Landsleute dichteten ihm den „Bösen Blick" an, und suchten den Pfarrer auf, um sich von seinem Fluch zu befreien. Unter ihm diente servil und ehrerbietig ein gewisser Giuseppe „Joe" Masseria, der später zum großen Mafiaboss New Yorks aufsteigen sollte. Die Brutalität der Schwarzen Hand war manchmal beispiellos. Und sie traf vor allem Geschäftsleute.

„Wir haben dir genügend Zeit gelassen. Wenn wir das Geld nicht bekommen oder du zur Polizei gehst, werden wir dich töten. Wir werden dein Geschäft übermorgen in die Luft sprengen. Es ist töricht von dir, das Geld über das Leben zu stellen.", so lautete ein typischer Erpresserbrief der *Mano Nero*, unterzeichnet mit Totenkopf, Dolch und Sarg (*New York Times, 25.1.1907*)

Zahlungsunwilligen Hausbesitzern konnte es schon passieren, dass ganze Häuserblöcke in die Luft gesprengt wurden. Es gab auch ein jüdisches Pendant an der Lower East Side. Ging da ein

Haus in Flammen auf, dann nannte man es *„der jüdische Blitz"*. Erst 1920 beendeten die Mafiafamilien die Ära der schwarzen Hand, die sich als zu sehr geschäftsschädigend erwies. Die kleineren, unabhängigen Gruppen wurden entweder integriert oder liquidiert.

Zusammenhänge zwischen ethnischen Gruppen und der Vorherrschaft in der Bandenkriminalität gab es jeweils nur im Kontext der sozialen Hierarchie. Die vor der Jahrhundertwende noch dominanten irischen Gangs rekrutierten sich aus früheren Einwandererströmen. Damals bezeichnete man die ausufernde Bandenkriminalität noch als „Irische Gefahr", und sie waren die ärmste ethnische Schicht in New York. Abgelöst wurden sie darin von den einwandernden Massen aus Juden und Italienern. Parallel entwickelte sich eine Ablöse bei der Dominanz in der organisierten Kriminalität. Um die Jahrhundertwende hatte das jüdische Viertel Brownsville das drittniedrigste Einkommen der USA. Der gewaltige Zustrom an Einwanderern hatte die Infrastruktur der New Yorker Vorstadtgebiete völlig überfordert. Und nirgendwo auf der Welt war der Gegensatz zwischen dem reichen Amerika – symbolisiert durch die nur eine Meile entfernte

Skyline von Manhattan – und der Armut der Einwandererviertel so dicht nebeneinander, wie an der Lower East Side. Um 1900 hatten etwa 70% der großen US-Konzerne ihren Sitz in New York. 1901 wurde das *„Macy's“* errichtet, das damals größte Kaufhaus der Welt. 1902 entstand das 21-stöckige *„Flatiron Building“*, das den Boom der Wolkenkratzer einleitete. Bereits 1904 wurde der erste Teilabschnitt der U-Bahn in Betrieb genommen. Das 1913 erbaute *Woolworth Building* galt als *„Kathedrale des Kommerzes“*, mit Fahrstühlen, die wie dunkle Beichtstühle wirkten, mit Stahlrahmen, Telefonleitungen und Sanitäreinrichtungen. In unmittelbarer Nachbarschaft zum Elend der Slums ragten die Symbole der Verlockung und des Erreichbaren in den Himmel – die Glitzerwelt des Wohlstandes – hervorgegangen aus der Ära der Vanderbilt, der Rockefeller und Astor.

Hell's Kitchen

Die Kinder der Einwanderer lernten deutlicher als ihre Eltern das Gesetz der Straße kennen. In den überbevölkerten Vierteln, die uns als „Little Italy“ oder „Hells Kitchen“ ein Begriff sind, lebten manche in einer Armut, die wir heute nur noch von Großstadtslums der Dritten Welt kennen. In dieser dichten, ethnisch durchmischten Nachbarschaft kam es schneller als anderswo zu Reibungen, Feindschaften, aber auch zu Bündnissen. Im Gegensatz zu ihren Eltern, die ihr karges Brot im tristen Arbeitsalltag der regulären Berufe verdienten, erkannten viele Jugendliche, dass auch Rücksichtslosigkeit und Betrug zu Wohlstand führen konnten. Die wahren Herrscher waren die Bandenführer der kriminellen Gangs, unter ihnen auch namhafte Juden wie Monk Eastman und seine Nachfolger (siehe voriges Kapitel). Sie dienten vielen jungen Neuzuwanderern als heimliche Vorbilder, denn sie besaßen Macht und Wohlstand inmitten der armen Bevölkerungsmasse. Gewalt war ein alltägliches Ereignis. In solch rauer Umgebung konnten ansonsten gesellschaftlich stabilisierende Faktoren wie soziales, rücksichtsvolles Verhalten schnell zum persönlichen Nachteil werden. Besonders jüdische Neuzuwanderer, in ihrer überwiegenden Mehrheit ohne kriminelle Neigungen, bekamen das zu spüren. Antisemitische Aktionen gab es kaum. Es war die Unerfahrenheit der Neuen, die sie zu potentiellen Opfern der massiv auftretenden Banden machte. Von Schutzgelderpressungen an Geschäftsleuten bis zu jugendlichen Gangs, die von ihren Altersgenossen auf dem Gehsteig „Mautgebühren“ einhoben, reichte die Palette der Untaten. Härte und Selbstbehauptung waren alleine schon als Selbstschutz angebracht. *"In Amerika konnten die Juden zurückschlagen, sie waren frei, Kriminelle zu werden"*, schreibt Rich Cohen in „Tough Jews“. *"Juden hatten weniger als alle anderen Einwanderer zu verlieren. Ihre Väter waren kleine Handwerker. Die Söhne fanden eine neue Identität für sich: als Gauner."*

Die Studien des Abe Shoenfeld

Im August 1912 beauftragte ein Konsortium deutsch-jüdischer Geschäftsleute den Journalisten Abe Shoenfeld mit einem Team privater Detektive, die namhaften Bosse des Gangstertums und ihr Umfeld an die Öffentlichkeit zu bringen. Die Skandale der Kriminellen lieferten eine Schlagzeile nach der anderen und drohten auch den respektablen Teil der jüdischen Bevölkerung – zu dem sich vor allem die deutsch-jüdischen Geschäftleute zählten – in Verruf zu bringen.

Shoenfeld ging in die einschlägigen Kneipen, wie dem „Segals Cafe“, der Ort an dem „Big“ Jack Zelig sein Ende gefunden hatte, und hörte sich um. Sein Report war eine erstmalige Aufarbeitung des Genres der jüdischen Gangster. Obgleich Shoenfeld seine moralische Distanz zur Unterwelt bewahrte, räumte er ein, dass Zelig zu jenen Bossen gehörte, die von den Bewohnern ihrer Viertel zu Lebzeiten verehrt wurden. Als immer öfter sizilianische Gangs in die jüdischen Viertel eindrangen, um Mädchen in die Prostitution zu verschleppen, erteilte Zelig seinen Leuten entsprechende Befehle. Der Anführer der sizilianischen Bande wurde erschossen, die anderen so fürchterlich verprügelt, dass sie nie wieder jüdisch bewohnte Viertel betraten. Nicht dass Zeligs Leute gegen die Prostitution waren, teilweise verdienten sie selbst damit. Für Zelig war das nichts anderes, als die Verteidigung seines Reviers. Doch in der Bevölkerung sprachen sich solche Ereignisse herum. Die unabhängigen kleinen Gangs, wie etwa die unter dem Sammelbegriff „Schwarze Hand" waren für die friedlichen, unbeteiligten Bürger tatsächlich die unmittelbarste Bedrohung, weil sie ihre Opfer vergleichsweise wahllos aussuchten. Dort, wo große Bosse wie Zelig ihre Territorien kontrollierten, hatten diese unabhängigen Kleingangster wenig auszurichten. So wurden die jüdischen Bosse a´la Zelig oder Eastman ähnlich den italienischen Mafiapaten für große Teile der gesetzestreuen Bevölkerung ihrer

Wohnviertel zu einer Art Protektor und geheimer Autorität. Selbst Shoenfeld meinte, Zelig hätte in seinem Einflussgebiet mehr für Ordnung gesorgt, als 1000 Polizisten vermochten. Kein Wunder, dass mehrere tausend Menschen Zeligs Sarg durch die Straßen New Yorks folgten, als er zu Grabe getragen wurde.

Schönfeld, dessen Jahre dauernde analytische Studien in Albert Frieds *„The rise and the fall of jewish gangsters in America"* erstmals weite Verbreitung fanden, sah sich bald außerstande, die einfache Gut-und-Böse-Unterscheidung aufrecht zu erhalten. *„Die Zahl der Kriminellen war so ausufernd, ihre Legionen verbreiteten sich so fließend in der Nachbarschaft, und wenn ihre eigene spezifische Solidarität, ihre Gepflogenheiten, also ihre eigene Subkultur als ganzes die gesetzestreuen Bevölkerungsteile durchdrangen, wie war es da noch möglich, die simple moralische Unterscheidung zu treffen?"*

Streiflicht auf die Prostitution

Besondere Aufmerksamkeit brachte Schoenfeld einem klassischen Zweig der Kriminalität entgegen, der Prostitution. Bekannt ist, dass die meisten jüdischen Einwanderer, die etwa ab 1880 in der Lower East Side wohnten, alleinstehende Männer waren, oder diejenigen, die Frau und Kinder erst in die Neue Heimat nachholen wollten, wenn sie sich die materielle Basis dafür erarbeitet hatten. Viele von ihnen zog es zu den Prostituierten, weil sie Entspannung von der endlosen Tyrannei ihres tristen Arbeitsalltags suchten.

1908 untersuchte die vom Kongress eingesetzte United States Immigrant Commission das Spektrum der Emigranten-spezifischen Probleme, zu denen man die stark verbreitete Prostitution zählte. Unter den erfassten gerichtsbekannten Prostituiertenfällen ergab sich, das nahezu ein Dreiviertel der Fälle Frauen waren, die bereits in den USA geboren waren. Davon gab es ein deutliches Übergewicht an Frauen jüdischer Abstammung, wobei vermutlich auch nichtjüdische Russinnen oder Polinnen mitgezählt wurden.

Unter den gerichtlich erfassten 581 Prostituierten, die nicht in den USA geboren waren, gab es im gleichen Untersuchungszeitraum eines Jahres folgende ethnische Unterscheidungen: 225 Jüdinnen gegenüber 154 Französinnen, 64 Deutsche, 31 Italienerinnen, 29 Iren als nächstgrößte Gruppen. Die Kommission stellte fest, dass nur eine sehr geringe Zahl der jüdischen Frauen bereits als Prostituierte nach Amerika kamen. *„Was so viele Frauen in die Prostitution trieb,"* kommentierte es William McAdoo, NY. Police Commissioner, *„das waren der tägliche Horror der Sweat Shops (Bekleidungsindustrie), die Schäbigkeit des Daseins in den düsteren Mietsbaracken, die beißende, zermürbende Armut und die harte Konkurrenz untereinander. Die damit verbunden Depressionen und der allgegenwärtige Drang, der Wohlstandsgesellschaft anzugehören."*

Die Verbreitung der Prostitution, ihre auffällige Präsenz im Straßenbild der Lower East Side, zog ein womöglich noch ernsteres Problem nach sich. Nahezu jedes jüdische Kind an der East Side wusste ziemlich genau, was so ein *„nafke bias"* (Bordell) ist. Und nicht immer waren die Fenster und Türen der Räume, in denen die Dienstleistung erbracht wurde, diskret verschlossen. Wo die Prostituierten waren, da gab es auch die Zuhälter, die sogenannten „cadets", die leicht als solche zu erkennen waren. Der typische jüdische Zuhälter wurde in einem offiziellen Bericht so beschrieben: *„ Ein junger Mann zwischen 18 und 25 Jahren, nicht selten zuvor als Angestellter eines Bordells tätig gewesen, beaufsichtigt eine Gruppe von Mädchen und lebt von ihren Einkünften. Er kleidet sich gewöhnlich teurer als der durchschnittliche Junge aus der Nachbarschaft und trägt eine Überfülle von billigen Schmuckstücken an sich. Meistens ist er bemüht, das Verhalten eines Gentleman an den Tag zu legen."* Die Bemühungen der jüdischen Gemeinden, das Problem in den Griff zu bekommen, scheiterten im wesentlichen an der strukturellen Situation und der Masse der moralisch Gestrauchelten. Da gab es das *State Reformatory for Women* in Bedford Hills. Die *National Council of Jewish Women* errichtete das *Clara de Hirsch House* für eingewanderte Mädchen und 1905 das *Lakeview Home*; diese Einrichtungen konnten aber jeweils nur ein paar hundert Mädchen aufnehmen, angesichts der Einwohnermasse viel zu wenig. Auch religiöse, jüdische Gesellschaften unternahmen Bemühungen, die Frauen von der Straße wegzubringen. Es waren Tropfen auf den heißen Stein.

Erste Schritte der nächsten Generation

Unter den Neuzuwanderern befand sich auch der 10-Jährige **Maier Suchowljansky** (geb.1902), ein Sohn polnischer Juden, die ihn als Referenz an Amerika nun **Meyer Lansky** nannten. Seine Familie war 1910 von Brownsville, an die Lower East Side übersiedelt. „*Ich liebte es spazieren zu gehen,*" schildert er in eigenen Worten, „*und Dinge zu bewundern, die ich nie gekannt habe. Pfirsiche, Bananen und andere exotische Früchte, doch ich hatte kein Geld, welche zu kaufen. Ich sah, wie andere Jungs sie stahlen. Ich tat das nicht, weil es mir meine Mutter verboten hatte.*"

Meyers einschneidendes Erlebnis ergab sich bei den Crap Games, einem Würfelspiel, das an nahezu jeder Straßenecke der Lower East Side betrieben wurden. Seine Mutter hatte ihm einen Nickel mitgegeben, um den *Tscholent*, (jüdischer Eintopf und traditionelles Sabbatmahl) zum Ofen der Bäckerei zu bringen, wo es die letzte Garstufe erreichen sollte. Er setzte die Münze beim Spiel, in der sicheren Hoffnung, das Geld zu vermehren

– und er verlor. Er empfand dies als tiefe Schande. Doch noch in der gleichen Nacht schwor er sich, künftig zu den Gewinnern zu gehören. Er beobachtete und studierte das Crap Game so lange, bis er zu der Erkenntnis kam, das der Sieger fast immer nur der Spielmacher selbst ist. Seine ausgeprägten Fähigkeiten im Kopfrechnen und eine fast schon unheimliche Kombinationsgabe ließen ihn die Mechanismen des Spiels durchschauen. Bald kannte er alle Tricks und Finessen und wusste, dass manche vermeintliche Gewinner in Wahrheit Teilhaber der Spielmacher waren, die als Lockvögel für Andere fungierten. Er spielte wieder und diesmal blieb er Sieger.

Neben seinem Schulbesuch führte er ein Doppelleben, indem er von Straße zu Straße ging und beim Crap Game durch sein Insiderwissen nachhaltig sein Kapital vermehrte. Doch das Spiel war nicht sein einziges Interesse. Er bildete sich weiter und besuchte oft die lokalen Bibliotheken – eher ungewöhnlich für seine Altersgenossen. Das Straßenleben der Lower East Side war für ihn weniger Bedrohung als Herausforderung. Geprägt hatte ihn seine Kindheit in seinem polnischen Heimatdorf, wo sich die Juden gegen die Pogrome organisiert und gewehrt hatten. Wehrhaftigkeit wurde zu seiner persönlichen Devise und später sollten ihm selbst die abgebrühtesten Kollegen des Genres eine eiskalte Härte attestieren. In seiner Nachbarschaft lebte der 13-Jährige Sizilianer Salvatore Lucania, der es als Charles „Lucky" Luciano noch zu düsterer Berühmtheit bringen sollte. Luciano war schon gemeinsam mit John Torrio und Al Capone in der „Nachwuchsgruppe" der legendären Five Pointers gewesen und verdingte sich nun als Laufbursche lokaler Mafiabosse. Er bot vorwiegend jüngeren jüdischen Kindern seine Dienste als bezahlter Beschützer gegen Verprügelungen auf dem Schulweg an. Im Falle des Nichtbezahlens nahm Luciano das Verprügeln selbst vor. Es kam der Tag, als er auch einmal Meyer Lanksy seine „Dienste" anbieten sollte. Doch der reagierte anders als gewohnt und schleuderte Luciano das obligate „*Fuck you!*" entgegen. „*Er war kleiner als ich, doch er stellte sich vor mir auf zog sein Gesicht in Falten und warf mir diesen durchdringenden, eisigen Blick zu,*" so Luciano," *da erkannte ich in ihm etwas von mir selbst, wie bei einem Spiegelbild.*" Lucianos angebliche Impression machte diese Begegnung zu etwas mythischen, schicksalhaftem. Die schwärmerischen unter den Chronisten meinen, diese Begegnung hätte für das organisierte Verbrechen etwa die gleiche Bedeutung, wie die erste Begegnung zwischen Mick Jagger und Keith Richard für die Musikgeschichte.

In dieser Zeit gewann Lansky noch eine weitere Bekanntschaft, die für künftige Entwicklungen bedeutsam sein würde. Bei einem der Spieltische kam es zu einer Auseinandersetzung. Ein Schuss wurde abgefeuert und eine Pistole auf den Asphalt geworfen. Ein junger Mann namens **Benjamin Siegel** (geb. 1906), scheinbar in die Auseinandersetzung verwickelt, griff danach während schon die Polizeisirenen zu hören waren. Lansky begriff die Situation, schlug Siegel die Pistole aus der Hand und zog ihn hinter die Straßenecke. Siegel war darüber erbost, doch erkannte er schließlich, dass ihn Lansky vor einer unangenehmen Konfrontation mit den Ordnungshütern bewahrt hatte. Auch aus dieser Begegnung sollte noch eine bedeutende Allianz hervorgehen. Lansky und Siegel taten sich mit anderen zusammen und bildeten eine Jugendgang, den Vorläufer des späteren „Bugs-Meyer-Mob". Gemeinsam mit Lucania's Leuten schlugen sie gegen die immer noch massiv bedrohlichen irischen Gangs zurück. Obwohl die Iren wie die Italiener vorwiegend katholisch waren, empfanden die Italiener in der Mentalität mehr gemeinsam mit den Juden, wie Luciano später bekannte.

Bald begannen sie ihre eigenen Crap Games zu kontrollieren und fungierten als „*Shtarke*“ (jiddisch für Leibwächter, Schläger). Lansky hatte nach dem Schulabschluss auf Wunsch seines Vaters einen Job in einer Autoreparaturwerkstätte angenommen. Obwohl er als Mechaniker sehr begabt war („*Du hast goldene Hände*“), merkte Lansky hier erst, wie unattraktiv ein Leben in einem legalen Beruf war. Als Mechaniker verdiente er weit weniger, als er bei den Crap Games einnahm.

Eine nicht minder zukunftsträchtige Karriere sollte **Louis „Lepke“ Buchalter** (geb. 1897) ins Haus stehen. Aufgewachsen in Williamsburg, Brooklyn, schloss er sich schon als Teenager den Straßenbanden an und diente in den frühen Gangs von Dopey Benny Fein und Little Augie Orgen (siehe voriges Kapitel). Er stammte aus einer kinderreichen, einigermaßen wohlhabenden Familie. Einer seiner Brüder sollte Rabbi werden, ein anderer Zahnarzt und seine Schwester wurde Lehrerin. Aber *Lepkele* (eine Art Kosename für Little Louis) besann sich auf seine kriminelle Energie. Eine enge Freundschaft verband ihn mit **Jacob „Gurrah“ Shapiro** (geb. 1899), ebenfalls ein Talent in Sachen Raub und Gewalttätigkeit. Shapiro sprach englisch mit starken jiddischen

Akzent und besaß eine schrille Stimme. Sein *„get outta here!"* klang wie "Gurrah da here", daher sein Beiname. Legendär waren seine schrillen, cholerischen Zornesausbrüche, so dass er bald als *„Donald Duck der Unterwelt"* in die Geschichte einging.

Morgendämmerung für „Mr. Big"

Doch nicht so sehr Monk Eastman oder andere Straßenkrieger sollten das große Vorbild der kommenden Generation jüdischer Krimineller werden, sondern einer, der 1911 sein erstes Spielcasino erworben hatte und nun begann sein gigantisches Finanzimperium aufzubauen: **Arnold Rothstein** (geb. 1882). Schon als Kind galt er als sonderbarer Einzelgänger. Als junger Mann brachte er es als professioneller Spieler zu Reichtum. Waren die Spielhöllen damals noch eine Domäne der sozial Schwachen, für die sie die trügerische Hoffnung nach Wohlstand nährten, gelang es Rothstein, das Spiel für die wohlhabende Schickeria der Ostküste populär zu machen. Er dirigierte keine Straßenbanden, sondern ließ sie höchstens von seinen Vasallen dirigieren. Er verkehrte mit seinen eleganten Manieren lieber unter den Reichen und wichtigen Persönlichkeiten der bürgerlichen Welt. Vor allen anderen begann er neben seinen kriminellen Geschäften auch ganz legales Geld zu machen. In der Unterweltszene machte er sich vor allem einen Namen, als er 1919 die Baseball-Liga manipulierte, indem er 8 Mitglieder der Chicago White Sox bestach, damit die krassen Außenseiter Cincinnati Reds die Serie gewannen. Hier vermischen sich wie so oft Mythos und Historie, die Chronologien widersprechen einander. Andere hätten die Bestechung initiiert und dabei Rothsteins Namen benutzt. Rothstein jedoch wusste davon und nutzte das Resultat für seine Zwecke, entgegen seinen späteren Beteuerungen vor Gericht. Rothsteins Ruf als „Moses der Unterwelt“ war landesweit schon so verbreitet, dass nur wenige daran zweifelten, er selbst wäre der Drahtzieher. Der Skandal *(„Black Sox Scandal“)* flog jedenfalls auf, aber dem cleveren Rothstein konnte man nichts nachweisen. Er war der *„große Gatsby“* der Unterwelt und die jugendlichen Newcomer flüsterten seinen Namen in Ehrfurcht. Seine große Stunde sollte jedoch erst kommen, als die Prohibition begann. Um das Geschäft mit dem illegalen Alkohol abzuwickeln, benötigte er fähige und entschlossenen Leute. Er fand sie vor allem auf den Straßen der Lower East Side.

Kapitel III

DIE PROHIBITION

A) NEW YORK

Die Ausgangslage in der New Yorker Szene hatte sich verändert. Der große sizilianische Boss Ignatius „Lupo“ Saietta, Herrscher über *„Little Italy*“ und Protektor der *„Mano Nero“* schmorte hinter Gittern. Sein früherer Handlanger Joe *The Boss* Masseria führte jetzt die Geschäfte und war die dominante Gestalt der New Yorker Unterwelt. Während der Sizilianer Masseria die Straße regierte, beherrschte der Jude Rothstein die gesellschaftliche Upperclass.

In den Jahren 1919 und 1920 ergab sich eine entscheidende Weichenstellungen in der Entwicklung der organisierten Banden. Anfang 1919 verabschiedeten drei viertel der US-Bundesstaaten das Prohibitionsgesetz gegen den Alkohol, es sollte ein Jahr darauf in Kraft treten.

„*Lebe Wohl, John Barleycorn* (Gerstenkorn)," rief der protestantische Prediger Billy Sunday euphorisch: „*Du warst Gottes schlimmster Feind, der Hölle bester Freund. Die Herrschaft der Tränen ist vorbei!*"

Allzu große Tränen vergoss man auch in der Unterwelt nicht. Nach Ankündigung des Alkoholverbotes blieb noch genug Zeit für Planung profitabler Strategien und organisatorischer Vorbereitungen. „*Du kannst Durst nicht per Gesetz verbieten,*" erkannte der Chicagoer Boss Al "Scarface" Capone treffsicher. Salvatore „Lucky" Luciano, ein Mann, der ihn später an Bedeutung noch übertraf, formulierte es deftiger: *„Es war nur ein Gesetz, ein unpopuläres obendrein, das diese flachbrüstigen Weiber von der WCTU (Woman´s Christian Temperance Union), hässlicher als Lehrerinnen, dem Land aufoktroyiert haben."*

Als das Prohibitionsgesetz schließlich wirksam wurde, entstanden zahlreiche Flüsterkneipen (*Speakeasys* oder *Blind Pigs*), in denen - mehr oder weniger raffiniert getarnt - illegaler Alkohol verabreicht wurde. Gegenüber dem Detroiter Polizeirevier gab es ein wegen seiner Kartoffelsuppe bei den Polizisten sehr beliebtes Restaurant. Das große Geschäft machte man dort aber vor allem nachts in den versteckten Hinterzimmern, wo man die geistigen Getränke ausschenkte. Es schien sogar, als würde sich seit Beginn der Prohibition ein großer Teil der amerikanischen Bevölkerung in ein nicht enden wollendes Besäufnis stürzen. Die Nachfrage war enorm.

Die Bugs-Meyer Gang

Meyer Lansky und Benjamin „Bugsy" Siegel bildeten die New Yorker Bugs-Meyer-Gang, die sich aus einigen Unterweltprofis rekrutierte und sich vor Beginn der Prohibition dem Racketteering, den Schutzgelderpressungen verschrieben hatte. Sie kooperierten eng mit ihrem Freund Salvatore Lucania.

„Lanksy und ich waren Analytiker; wir haben uns nie in ein Abenteuer gestürzt, wenn wir nicht eine Hintertür hatten. Siegel war genau das Gegenteil, und ich glaube, das machte ihn so wertvoll für uns. Seine Entscheidungen kamen aus dem Bauch, er handelte rein instinktiv.“, kommentierte Luciana diese Liaison.

Ihre Vorgangsweise war um Spuren subtiler als die der *„Schwarzen Hand“*. Wie Geschäftsleute traten sie an Unternehmer und Fabrikbesitzer heran und wollten ihnen ihre Schutzgarantien anbieten. Lehnte einer ab, gingen seine Lagerhallen noch in der selben Nacht in Flammen auf. Am nächsten Tag gaben sich die meisten Unternehmer kompromissbereiter gegenüber ihren „Beschützern“. *„Wir waren eher wie Geschäftsleute,“* beteuerte Meyer Lansky später, *„schießen und töten war schlecht fürs Geschäft.“* Die Polizeibehörden sahen das etwas anders. Demnach gehörte die Bugsy-Meyer-Gang zu den wildesten und brutalsten Banden. Besonders Benjamin „Bugsy“ Siegel galt als notorischer, unberechenbarer Soziopath. Der Mann mit dem charismatischen Gesichtsausdruck wurde von seinen jüdischen Mitbürgern schon in jungen Jahren als *chaye* (jiddisch für ungezähmt) bezeichnet. Sein Nome de guerre „Bugsy“ entstammte dem Ausspruch „goes bug“ als Bezeichnung von jemand, der verrückt spielt. Der Bug (Käfer) bezog sich dabei auf die Redewendung „verrückt wie eine Bettwanze“. Es war aus gesundheitlichen Gründen nicht ratsam, Mr. Siegel so anzusprechen. Seine Freunde durften ihn Benjamin nennen.

„Wenn es zu Konflikten kam, stand er immer in der ersten Reihe,“ beschrieb ihn Luciano, *„er war immer der erste, der sofort reagierte und schoss, noch vor allen anderen.“* Das Temperament und die Heißblütigkeit von Bugsy Siegel war dem der Sizilianer mindestens ebenbürtig, und es hielt konkurrierende Gangs auf Distanz. Meyer Lansky war der gerissene Stratege, der Bugsy’s Energien in die richtigen Bahnen lenkte.

Diese Kombination aus Persönlichkeiten garantierte das Überleben der Gang. Selbst Joe „The Boss“ Masseria, der Mafia-Nachfolger von Ignatio „Lupo“ Saietta konnte den Bugs-Meyer-Mob nicht unter seine Kontrolle bringen. Er versuchte die von Meyer Lansky kontrollierten Crap-Games gewaltsam zu übernehmen. Es war das erstemal, dass einer der traditionell sizilianisch geprägten Mafiabosse seinen Einfluß auf Gebiete der

Lower East Side ausdehnen wollte, die außerhalb der italienischen Wohngebiete lagen und somit in Konflikt mit Gangstern anderer ethnischer Herkunft geriet. Besonders „Bugsy“ Siegel drängte es in den Kampf, obwohl man wusste, dass Masseria über 200 Mann befehligte und der harte Kern des Bugs-Meyer-Mob gerade aus einem Dutzend Leute bestand. Diesmal jedoch wirkte Lansky nicht als „Bremse“ für den ungestümen Siegel. Er wusste, dass die Mehrheit der anderen sizilianischen Bosse von Masserias Expansionsgelüsten nicht gerade angetan waren und sich sicher nicht auf seine Seite stellen würden. Also entschied sich Lansky für die offene Konfrontation. Es kam es zu Schiessereien mit Verlusten auf beiden Seiten. Bald merkte Masseria, dass er einen zu hohen Preis zahlen würde und ließ von seinen Plänen ab.

Mr. Arthur Simon Flegenheimer

In dieser Phase trat auch ein krimineller Newcomer auf den Plan. **Arthur Flegenheimer** wurde 1902 in der Bronx als Sohn deutscher Juden geboren. Seine Mutter Emma bemühte sich, ihn in der orthodoxen Tradition zu erziehen. Als er 14 Jahre alt war, verließ sein Vater die Familie. Man kann nur vermuten, welchen

Effekt das auf den Heranwachsenden hatte. Kurz darauf ging er nicht mehr zur Schule. Später erzählte er immer wieder, welch gute Persönlichkeit sein Vater gewesen war, und dass er verstarb, als er noch Teenager war. Unter der Ägyde des mehrfach vorbestraften Marcel Poffo begann seine jugendliche Verbrecherkarriere, was bald zu seiner Verhaftung führte. Wegen seines undisziplinierten Wesens wurde er in eine strengere Haftanstalt transferiert, wo er nach kurzer Zeit ausbrach. Schließlich hatte er wegen Raub ein paar Jahre in den härtesten Gefängnissen der USA verbracht. Nach seiner Entlassung nahm er wieder Kontakt zu früheren Freunden auf. Er nannte sich zum Ärger seiner geliebten Mutter ab jetzt „**Dutch Schultz**", nach einem gefürchteten früheren Gangleader in den Straßen New Yorks. Im Gegensatz zu anderen jüdischen Gangstern besaß er eine gewisse Eitelkeit und sah sich nicht ungern in den Schlagzeilen der Zeitungen. Er wählte den prägnanten Namen Dutch Schultz, da ihm Arthur Flegenheimer für eine Schlagzeile zu unspektakulär und langatmig erschien. Nachdem er wie so viele andere im Bootlegging für Arnold Rothstein gearbeitet hatte, begann er nach dessen Tod systematisch sein eigenes Imperium in der Bronx aufzubauen. Gegen die dort ansässigen irischen

Banden mit ihren Flüsterkneipen ging er mit brutaler Konsequenz vor.

Um in Konkurrenz mit solcherart sturköpfigen und hartgesottenen Gegnern noch Angst und Schrecken zu verbreiten, bedurfte es schon ein gehöriges Maß an Grausamkeit. Die Jungs von Dutch Schultz waren darin besonders kreativ. Für den entführten Sohn eines irischen Bandenbosses forderten sie vergeblich Lösegeld. Darauf hingen sie ihr Opfer mit den Daumen an zwei Fleischerhaken und verbanden ihm die Augen mit einer Stoffbinde, die zuvor in eine Lösung aus Gonokokken-Erregern getränkt wurde. Die starrköpfigen Iren zahlten die 30.000 Dollar Lösegeld erst, als der Entführte bereits erblindet war.

Die Persönlichkeit von Dutch Schultz hatte einiges mit der von Benjamin „Bugsy“ Siegel gemeinsam. Er war ebenso unberechenbar. Wer ihn beleidigte oder verbal zu sehr provozierte, musste entweder verblüfft feststellen, dass Schultz in Gelächter ausbrach, wonach weiter nichts geschah, oder dass er ohne Vorwarnung die Waffe zog und schoss. Seine Freunde beschrieben ihn so: *„Du kannst Dutch in die Nase kneifen, du* *kannst ihn beleidigen und es wird dir möglicherweise nichts geschehen. Aber nimm ihm nur einen Cent aus seiner Brieftasche und du bist ein toter Mann.“* Während aber das Temperament von „Bugsy“ Siegel von seinem rational denkenden Freund Meyer Lansky kontrolliert wurde, war Schultz sich selbst überlassen. Sein Revier grenzte an das Joe „the Boss“ Masseria‘s und er sollte es noch zum Titel „Bierbaron der Bronx“ bringen.

„Mr. Big“ zieht die Fäden

Rothsteins mächtiges Finanzimperium, das nicht nur auf dem Schmuggel von Opiaten oder ungeschliffener Diamanten beruhte, sondern auch auf dem Besitz zahlreicher Restaurants und Kasinos, bot die optimale Vorraussetzung für den organisierten Alkoholschmuggel. Alle Gangs und Familien, die an dem großen Kuchen mitnaschen wollten, mussten massiv investieren. Man benötigte ganze Flotten von Lastwagen, Destillationsanlagen und Vertriebsorganisationen. Rothstein verlieh das Geld dafür oder stellte seine eigenen Vertriebswege zur Verfügung und profitierte bei allen mit. Seine mit reichlich Kapital gepolsterten guten Beziehungen zu einflussreichen Vertretern aus Polizei,

Justiz und Politik boten bei Bedarf auch entsprechenden Schutz. Doch Rothstein erkannte treffsicher, welche Profite im Alkoholschmuggel lagen und blieb nicht nur Finanzier im Hintergrund.

Zu den ersten, die sich an Rothstein wandten, gehörten **Irving „Waxey Gordon“ Wexler** (geb. 1888) und der Detroiter bootlegger **Maxie Greenberg**. Sie wollten Whisky aus Kanada schmuggeln. Rothstein hörte sich ihr Angebot auf einer Bank im Central Park an und traf die beiden am nächsten Tag wieder. Sein Gegenangebot lief darauf hinaus, dass er die Operationen selbst anführte und Waxey Gordon letztendlich für ihn arbeitete. Die Operationen über Detroit änderte er insofern, als dass er hochwertigen Whisky aus Großbritannien schmuggelte, um seine Domäne, die gesellschaftliche Upperclass zu bedienen. Die italienischen Familien zogen es eher vor, ihren Alkohol zu „taufen“, also mit Wasser zu verdünnen, um den Profit zu steigern. Mit seinem Qualitätsprodukt stieß Rothstein daher in eine Marktlücke. Waxey Gordon besorgte die Lieferungen und das Vorkaufsrecht besaß kein anderer als Salvatore Luciano.

Rothstein hatte immer nach fähigen Partnern Ausschau gehalten. Er führte lange Gespräche mit Lansky und Luciano. Zu Lansky bekannte er, dass er mit ihm arbeiten wolle, weil er jung und hungrig sei. Luciano, dem sizilianischen Slumkind brachte „Mr. Big“ Rothstein die feinen Manieren der großen Welt bei. *„Er lehrte mich, wie man richtig mit Messer und Gabel isst, wie man sich gegenüber Damen benimmt und er empfahl mir einen guten Schneider.“* Er öffnete ihm die Türen zu einer besseren Gesellschaft und holte ihn von der Straße. Die Luciano-Lansky-Siegel-Achse begann systematisch mit dem bootlegging. Der schottische Whisky wurde in Fässern geliefert. Um die Originalität gegenüber den Abnehmern zu bezeugen, benötigte man aber die Originalflaschen der importierten Marken. Also erwarb man eine eigene Flaschenfabrik und für die Originaletiketten kaufte man eine komplette Farbdruckerei. Für den Transport benötigte man jede Menge Lastwagen. Lanskys Kenntnisse im bürgerlichen Beruf als Automechaniker, den er inzwischen aufgegeben hatte, kamen ihm nun zugute, denn funktionierende Lastwagen waren das um und auf im Whiskyschmuggel. Da die Whiskyfässer im New Yorker Hafen verladen wurden, waren auch Mittel nötig, um den Zoll zu bestechen. Hinter all dem steckte Rothstein mit seinem Geld.

Little Louis und seine „yiddische Mame“

Ein weiterer Straßengangster, der während der Prohibition Karriere machte, war der bereits erwähnte **Louis „Lepke“ Buchalter**, der nun Bewacher für Rothsteins Lastwagenlieferungen war, oder mit seinem Kumpane **„Gurrah“ Shapiro** bei Bedarf auch die Lieferungen der Konkurrenz überfiel. Buchalter war klein und sein Kopf schien ohne Ansatz aus dem Körper zu wachsen. Er machte bei seinem Zusammentreffen mit der Luciano-Gang einen eher primitiven Eindruck. *„Also, Louis,...“* begann Luciano, *„was können wir für dich tun...“*. Darauf erwiderte er: *„Ihr könnt mich Lepke nennen.“* Luciano und Co. lachten lauthals, wer hatte je schon so einen Namen gehört. Lepke lief rot an und sagte etwas verlegen: *„Meine Mutter hat mich immer Lepkele* (jiddisch für: Little Louis) *genannt, deswegen möchte ich, dass ihr Lepke zu mir sagt.“ „Wer seine Mutter so in Ehren hält,“* meinte schließlich Luciano, der Sizilianer, *„der verdient auch unseren Respekt.“*

Dieser Dialog war symptomatisch für die engen Bande zwischen jüdischen Gangstern und den sizilianischen Mafiosi.

Der traditionelle Familienbezug der Sizilianer traf sich hier mit dem der jüdischen Gangster, die vor allem ihre Mütter sehr hoch schätzten. Darin lag auch einer der Gründe, warum die Italiener mit den Juden mental mehr Gleichklang empfanden, als etwa mit den katholischen Iren. *„Wer seine Mutter so in Ehren hält..."* war eine sehr charakteristische Aussage für die jüdische Einwanderergeneration aus Osteuropa. Die „jiddische Mama" war die zum Mythos hochstilisierte Gestalt, deren ganzes Bestreben es war, für das Wohlergehen der Kinder zu sorgen. Die warmen Mahlzeiten, die wärmste Kleidung, die beste medizinische Betreuung und was immer der Obsorge bedurfte – das war es, was die kulthafte jiddische Mama ausmachte. Der Mythos erreichte 1925 seinen Höhenpunkt, als Sophie *„the last of the red hot Mamas"* Tucker den Song *„My Yiddishe Mama"* von Jack Yellen und Lew Pollack zum besten gab. Das Lied eroberte die jüdische Gemeinde Amerikas im Sturm.

As I stand here and think my old mother comes to mind.
No made-up, well dressed lady, just a mother,
Bent over from great sorrow, with a pure Jewish heart
And with cried-out eyes.

$5,000 REWARD

On November 8, 1937, Homer Cummings, Attorney General of the United States, under authority vested in him by law, offered the following rewards:

$2,500 for information furnished to the Federal Bureau of Investigation resulting in the apprehension of **JACOB SHAPIRO;**

$2,500 for information furnished to the Federal Bureau of Investigation resulting in the apprehension of **LOUIS BUCHALTER.**

The photographs and descriptions of the above named persons are hereinafter set out.

Jacob Shapiro was convicted in Federal Court at New York, New York, on November 8, 1936, of violating the Federal Antitrust Laws, and was sentenced to serve two years in a Federal penitentiary and to pay $10,000 fine. On appeal, this conviction was affirmed, and on June 14, 1937, upon his failure to surrender to the United States Marshal, as ordered, his bail in the amount of $10,000 was declared forfeit and a warrant issued for his arrest.

An indictment was returned by the Federal Grand Jury at New York, New York, on November 6, 1933, charging Shapiro and Buchalter, and others, with violating the Federal Antitrust Laws. Both Shapiro and Buchalter failed to appear in Federal Court for trial on July 6, 1937, and bail in the amount of $3,000 for each was forfeited and warrants issued for their arrests on July 7, 1937.

No part of the aforesaid rewards shall be paid to any officials or employees of the Department of Justice. The right is reserved to divide and allocate portions of any of said rewards as between several claimants. The offer provides that all claims to any of the above described rewards and all questions and disputes that may arise as among claimants to the foregoing rewards shall be passed upon by the Attorney General and that his decisions shall be final and conclusive.

Photographs taken February 16, 1936.

JACOB SHAPIRO, with aliases: "GURRAH," CHARLES SHAPIRO, MORRIS FRIEDMAN, SAMUEL DISHOUSE, SAMUEL DISNAHUSEN.

DESCRIPTION: Age, 41 or 42 years (born in Russia about 1895); height, 5' 5½"; weight, 200 lbs.; build, stocky; nationality, Russian, Jewish; hair, medium chestnut; eyes, blue, wears glasses occasionally; complexion, medium - inclined to be flushed; features, large mouth, thick lips, nose somewhat flattened - appearance of having been broken (possibly remodeled by plastic surgery) - large ears; dress, rather conservative - well tailored; speech, very gutteral, Jewish accent; mannerisms, gesticulates with hands when speaking; peculiarities, thick hands and short stubby fingers; fingerprint classification, 11 11 R O 7 Ref: 9. 3. 1
26 R 1 26 26 26

Photographs taken June 12, 1933.

LOUIS BUCHALTER, with aliases: "LEPKE," LOUIS BUCKHOUSE, LOUIS BUCKHALTER, LOUIS KAWER, LOUIS COHEN, LOUIS BUCKALTER.

DESCRIPTION: Age, 40 years (born February 12, 1897, at New York City); race, white - Jewish; height, 5' 5½"; weight, 160 lbs.; build, medium; hair, dark brown or black; eyes, brown; complexion, dark; peculiarities, nose - large, rather straight and blunt - ears - prominent - eyes - alert and shifting; marital status, married - one son, Harold, aged about 17; fingerprint classification, 25 11 17.
27 0

Information may be communicated in person, or by telephone or telegraph collect, to the undersigned, or to the nearest office of the Federal Bureau of Investigation, United States Department of Justice, the local addresses and telephone numbers of which are set forth on the reverse side of this notice.

JOHN EDGAR HOOVER, DIRECTOR,
FEDERAL BUREAU OF INVESTIGATION,
UNITED STATES DEPARTMENT OF JUSTICE,
WASHINGTON, D. C.
TELEPHONE, NATIONAL 7117.

November 8, 1937.

In the same little room were she´s gotten old and gray
She sits and cries and dreams of long gone days
When the house was full of children´s
voices....
You can be sure our house did not lack poverty,
But there was always enough for the children.
She used to give us bread from her mouth
And she would have given up her life for her children
As well....
A Yiddishe mama, oh how bitter when she´s missing.
You should thank God still have her with you
You don´t know how you´ll griev when she passes away.
She would have leaped into fire and water for her children.
Not cherishing her is certainly the greatest sin.
Oh, how lucky an rich is the person who has such a
Beautiful gift from God:
Just an old little Yiddishe mama, my mama.
Nur an alte, kleyne yidishe mame, mayn mame

In den Speykeasys, den einschlägigen Kneipen und Sammelpunkten der jüdischen Gangster wurde das Lied immer wieder vorgetragen. Und all die „*tough Jews*", zu jeder Schandtat bereit, wenn es ums Geschäft ging, standen da und hatten Tränen der Rührung in den Augen.

Unbeschadet seiner familiären Gefühle sollte Lepke jedoch zu einem der gefürchtetsten Gangster überhaupt heranwachsen. Neben seinem Engagement im Bootlegging war er der Hauptakteur in den Gewerkschafts-Racketeers. Wer die Gewerkschaften beherrschte, verfügte auch über die Macht, die Unternehmer zu erpressen. Sein gewalttätiger Freund Jacob „Gurrah" Shapiro, dem bereits erwähnten „Donald Duck der Unterwelt", dessen Anblick ihn auch als „Gorilla im Anzug" erscheinen ließ, sorgte dabei für die einschüchternden Gewalttaten, je nach Bedarf einmal gegen die Unternehmer, oder als Streikbrecher. Luciano meinte über Lepke: „*Wir haben unser Vermögen mit Huren, Glückspiel und Alkohol gemacht, aber Lepke, der nahm das Brot aus dem Mund der Arbeitenden...*"

Eine jüdische Angelegenheit („Unser Shtik“)

Der bereits erwähnte Geschäftspartner Rothsteins, Irving „Waxey Gordon“ Wexler, war ein jüdischer Gangster, dem man bemerkenswerte Brutalität nachsagte. Von seinen Landsleuten wurde er als *schlamming* bezeichnet (jiddisch für Gewalttäter). Seine Freunde nannten ihn schon während seiner Jugend „Waxey“, weil er seinen Opfern die Brieftasche zog, als wäre sie mit Wachs eingeschmiert. Nach mehreren Gefängnisaufenthalten in Philadelphia, Boston und New York kam er zu der Einsicht, dass es profitablere Geschäfte als Diebstahl gab. Nach einer Karriere als Streikbrecher, in Kooperation mit Louis Lepke Buchalter und „Gurrah“ Shapiro, lernte er den Detroiter Bootlegger Max „Big Maxey“ Greenberg im Herbst 1920 kennen. Maxey und Waxey brachten einige Alkohollieferungen ins Rollen. Gordon wurde bald zu den bedeutendsten Bootleggern in New York und Philadelphia gezählt. Mit Rothsteins Finanzspritze hatte er ein gewaltiges Unternehmen aufgebaut (siehe Abschnitt „Mr. Big...“). Sein Einfluss reichte über New York, New Jersey und Philadelphia. Er wurde in kurzer Zeit zum Millionär.

Unter Rothsteins Aufsicht lieferte Waxey Gordon Alkohol für den New Yorker Boss Masseria und geriet so ins Visier der Bugsy-Meyer-Gang, die sich mit Masseria im Krieg befand. Durch gezielt eingefädelte Schmiergeldzahlungen bekam Lansky heraus, wann und wo Gordons Lieferungen unterwegs waren. Also wurde ein Überfall auf Gordons Trucks geplant, im Kampf der rivalisierenden Bootlegger ein durchaus gebräuchliches Ritual. Doch die Sache war riskant, denn Gordon war wie Lansky ein Partner Rothsteins, der Auseinandersetzungen strikt verboten hatte. Der Überfall fand dennoch in einem Wald nahe Atlantik City statt. Dutzende von Gordons Lastwagen gingen in Flammen auf und nur wenige seiner Männer überlebten durch Flucht. Es sprach sich schnell herum, wer für den Überfall verantwortlich wahr. Da es sich um jüdische Gangs handelte, sprach man vom „jüdischen Krieg" im Bootlegging. Die Sache war heikel, weil Masseria, für den die Lieferung gedacht war, nun noch mehr provoziert wurde. Gordon selbst schwor erwartungsgemäß blutige Rache und schließlich hatte die Bugsy-Meyer-Gang auch noch gegen Rothsteins Gebote verstoßen, was man für gewöhnlich mit dem Leben bezahlte. Dass der Konflikt nicht weiter eskalierte, lag an der Haltung Lucky Lucianos, der zwischen die Streithähne

Lansky und Gordon trat. Die Begegnungen mit Gordon seien die einzigen Momente gewesen, so berichteten Zeugen, wo man sah, wie der coole Meyer Lansky seine Beherrschung verlor.

B) DIE PROVINZFÜRSTEN

New York war die zentrale Drehscheibe der Unterwelt, seine Gangs waren die einflussreichsten. Doch die Prohibition spülte das Gewerbe des Bootlegging wie eine Flutwelle über das ganze Land. Das große Geschäft mit dem illegalen Alkohol rief landesweit ehrgeizige, rücksichtslose Profiteure auf den Plan. Besonders im Norden der USA und im Mittelwesten machten jüdische Gangster von sich reden.

Chicago – der "schmierige Daumen" des Al Capone

Kaum ein anderer Gangster ist populärer als der Neapolitaner Al „Scarface" Capone. Mit Prohibitionsbeginn verwandelte sich Chicago (das heute zu den sichersten Städten der USA zählt), in ein Schlachtfeld der Gangs. Im Gegensatz zu New York waren irische Banden hier anfangs noch stark präsent, wie die von Dion O´Banion. Der Krieg, den Capone führte, endete im berüchtigten *„Valentines Day Massaker“,* wo Capones Leute als Polizisten verkleidet ihre Gegner exekutierten. Die einflussreichen Gangs in Chicago waren irisch und italienisch dominiert. Darin dienten zwar auch einige jüdische Gangster, doch einflussreiche jüdische Bosse wie in New York gab es nicht.

Dennoch brachte es ein jüdischer Gangster im Sog von Capones Aufstieg zum König der Chicagoer Unterwelt zu bemerkenswertem Ansehen: Der frühere Tora-Schüler aus einer streng orthodoxen Familie, **Jake „Greasy Thumb“ Guzik** (geb. 1886 in Moskau). Der ausgesprochen dickleibige Guzik war eine eher abstoßende, unordentliche Erscheinung. *„Auf seiner Jacke konnte man die Speisekarte der ganzen Woche lesen,“* meinte einmal Capone über seinen Schützling. Er war kein Killer, ja nicht einmal ein Gewalttäter, seine Talente lagen auf anderem Gebiet. Es gab kaum jemanden, dem Capone mehr vertraute. Als er sich noch gegen die anderen Gangs nach oben kämpfte, warnte ihn Guzik eines Tages vor einem Attentat, dessen

Planung er belauscht hatte. Das rettete Capone das Leben und Guzik hatte seither einen unangefochtenen Platz an der Seite des aufstrebenden Bosses, denn in einer Welt von Intrige und Mord hatten treu ergebene Vasallen einen besonderen Stellenwert. Als der wegen seiner Fettleibigkeit zu körperlicher Gegenwehr unfähige Guzik von dem Chicagoer Kleingangster Joe Howard in einer Bar brutal zusammengeschlagen wurde, nahm Capone die Sache sogar persönlich in die Hand. Er stellte den Mann und rief: *„Was hast du mit meinem kleinen Juden getan...?"* Die wenig freundliche Antwort beantwortete Capone mit dem Knauf seines Revolvers auf Howards Kopf. Danach entleerte er das ganze Magazin in dessen Gesicht. Solche „Gesten" sprachen sich schnell herum und bescherten Jake Guzik künftig ein Leben ohne Belästigungen.

Der wahre Nutzen Guziks für das Capone-Imperium lag in seinen rechnerischen und buchhalterischen Talenten. Ähnlich einem **Otto „Abbadabba Berman"** (geb. 1885), dem „Zahlenmagier" des New Yorker Bootleggers Dutch Schultz oder dem geschäftstüchtigen Meyer Lansky, verwaltete er gewinnbringend Capones Vermögen. Sein Beiname „Greasy

Thumb“ illustrierte den schmierigen Daumen, mit dem er die Bestechungsgelder für Polizisten und Politiker herunterzählte. Ein fähiger Finanzverwalter war im Capone-Imperium auch unverzichtbar. 1927 schätzte das FBI die Umsätze von Capones Geschäften in unglaublicher Höhe:

Illegaler Alkohol....................................... $60,000,000
Spielhöllen und Hunderennen.................. $25,000,000
Bordelle, Tanzlokale und Restaurants....... $10,000,000
Verschiedene Schutzgelder........................ $10,000,000

Nachdem der große Boss wegen Steuerhinterziehung hinter Gitter kam und andere seine Geschäfte übernahmen, blieb Jake Guzik ein angesehener Mann, den auch die Sizilianer sehr schätzten. Er war Finanzverwalter für Paul „The Waiter“ Ricca. In den 40ern nahm er regelmäßig an den Sitzungen des Syndikates in New York teil, wo er sich mit Größen wie Adonis, Costello, Lansky oder Zwillman traf. Gelegentlich kamen auch Spitzen der New Yorker Unterwelt nach Chicago, um Capone im Gefängnis zu besuchen. Um ungestört zu sein, stellte man den Herren den Hinrichtungsraum zur Verfügung, wo

Capone ungeniert auf dem elektrischen Stuhl Platz nahm. Aber er war nicht mehr in der Lage, seine Geschäfte zu dirigieren. Eine fortgeschrittene Syphilis hatte seinen geistigen Verfall beschleunigt. Al sei *„nutty as a fruitcake"*, wie Guzik offenherzig darlegte. Er sorgte aber auch treu dafür, dass es Capones Frau und Kindern an nichts fehlte. Alle späteren Chicagoer Bosse, wie Nitti, Ricca, Accardo, Giancana oder Battaglia - auch wenn sie sich gegenseitig bekämpften - respektierten Jake Guzik, den sie den „smart Hebe" (der schlaue Jude) nannten. Als Capone aus dem Gefängnis entlassen wurde, war er nicht mehr in der Lage, sein Imperium wieder zu errichten. Guzik starb 1956 eines natürlichen Todes. In der gesamten Geschichte der Vereinigten Staaten gab es kein jüdisches Begräbnis, an dem mehr italienische Trauergäste teilnahmen.

Detroit – Im Banne der Purple Gang

Nach New York gab es keine andere Stadt, die so deutlich von jüdischen Gangstern dominiert wurde wie Detroit. Hier waren sie so präsent, dass manche die Stadt „Little Jerusalem" nannten. Der Bundesstaat Michigan hatte das Privileg, als Bühne für die

Generalprobe zur Prohibition zu fungieren. Bereits 1917 wurde eine landesweite Prohibition noch drei Jahre vor der bundesweiten in Kraft gesetzt. Das war das Startsignal für eine automobile Massenbewegung ins benachbarte Kanada, wo der gute Tropfen nach wie vor legal erhältlich war. Samuel „Sam“ Bronfman, der später den Whiskykonzern „Seagram“ gründen sollte, und andere kanadische Alkoholhersteller machten das Geschäft ihres Lebens. Die Wagen der durstigen US-Bürger waren mit falschen Fußböden und versteckten Fächern versehen, in denen das kostbare Nass geschmuggelt wurde. Auch Benzinkanister und falsch etikettierte Wasserflaschen wurden verwendet. Und wenn die Polizei zu streng kontrollierte, dann wich man eben querfeldein über den zugefrorenen Erie-See aus. Der Alkohol wurde an allen möglichen Plätzen versteckt. Ganze Tunnels und unterirdische Lagerhallen wurden gegraben, die Fässer wurden in versunkenen Hausbooten gelagert und selbst Pipelines wurden errichtet. Zwei Jahre später, 1919 wurde die Prohibition in Michigan für verfassungswidrig erklärt, nur um ein Jahr darauf als bundesweites Gesetz wieder in Kraft zu treten. In der Blütezeit der Prohibition war das Bootlegging nach der Autoindustrie, nach der Detroit den Beinamen „Motor City“ erhielt, die zweitgrößte

Industrie. 50.000 Beschäftigte sollen ihr Geld mit Herstellung, Vertrieb oder Ausschank illegalen Alkohols verdient haben. Ein weiterer Grund für das Gedeihen dieser Branche war die Vernetzung mit der legalen Macht in der Stadt. Als die Polizei das „Deutsche Haus" in Detroit stürmte, verhaftete sie John Smith, den Bürgermeister der Stadt, den Kongressabgeordneten Robert Clancy und Sheriff Edward Stein mitten in einem fröhlichen Saufgelage.

In Detroit, durch seine geographische Lage von zentraler Bedeutung im Whiskyschmuggel aus Kanada, herrschte die gefürchtete *Purple Gang*. Selbst der mächtige Chicagoer Boss Al Capone, zog es vor, mit der Purple Gang Geschäfte zu machen, anstatt sie zu bekämpfen. Angeblich erhielten die Purple-Gangster ihren Namen schon als Jugendbande von Ladeninhabern, die Opfer ihrer Diebeszüge und ihres Vandalismus waren. Das „rotten purple" war eine Anspielung auf die Farbe verfaulten Fleisches. Kern der Gang waren die Brüder **Abraham „Abe"** (geb. 1894)**, Joseph „Joey"** (geb. 1900)**, Raymond „Ray"** (geb. 1903) **und Isidor „Izzy" Bernstein** (geb. 1908), Söhne jüdisch-russischer Emigranten. Sie gehörten zu den ersten, die für ihre Kämpfe mit der Konkurrenz die berühmte Thompson Maschinenpistole mit dem kreisrunden Magazin verwendeten. Ihre Entschlossenheit und Grausamkeit war legendär. Anfangs waren die noch jungen Bernstein-Brüder und ihre Bande damit beschäftigt, die Transporte anderer Bootlegger zu überfallen und auszurauben. Sie taten das mit solcher Vehemenz und Bravour, dass zwei jüdische Bosse alten Schlages auf sie aufmerksam wurden: **Sam „Sam Purple" Cohen** (geb. 1899), **Charlie Leiter** (geb. 1895) und **Henry „Harry" Schorr** (geb. 1896), die Anführer der *„Oakland Sugar House Gang"*

nahmen die jungen, aufstrebenden Talente in ihre Dienste. 1926 rüstete die Purple Gang auf und nahm Söldner aus St. Louis und Chicago in ihre Dienste. Aus New York kamen **Eddie „Honey Boy" Fletcher** (geb. 1898) und **Abe Axler** (geb. 1901) hinzu. „Honey Boy" Fletcher trug einen dunkelgrauen Chesterfield Mantel, darunter einen malvenfarbenen, zweireihigen Anzug mit Aufschlägen aus purpurnem Satin, eine gelbe Seidenkrawatte mit

Purple Gang Mitglieder
bei ihrer Verhaftung durch die Detroiter Polizei, 1926.

Photo: Detroit News Photo Archives

Diamantnadel, perlgraue Gamaschen über den Schuhen und einen weitkrempigen Filzhut. In dieser Montur führte er auch seine Mordaufträge aus. Die Bernstein Brothers führten die Purple Gang so rasch zum Erfolg, dass die *Oakland Sugar House Gang* bald zu einer ihrer untergeordneten Fraktionen mutierte.

Die Entwicklung der Purples von einer käuflichen Söldnertruppe zu einem dominanten Machtfaktor in der Unterwelt erfolgte aber nicht durch die Prohibitionsgeschäfte, sondern im „Dyers- and Cleaners-War“. Die Stofffärbereien und Wäschereien Detroits fochten im Verbund mit den Schneidern untereinander einen ruinösen Preiskrieg. **Benjamin „Ben“ Abrams**, Gewerkschaftsracketeer aus Chikago wollte im Einvernehmen mit dem Gewerkschaftspräsidenten Frank X. Martel das bewährte Chicagoer Modell auf Detroit übertragen. Die „Wholesalers Association“ – der Verbund der Großhändler in der Bekleidungsindustrie wollte mit Hilfe Abrams in Form von Preisabsprachen die Preise hochtreiben. Das machte nur Sinn, wenn sich alle daran beteiligten, sonst würden nur die Billiganbieter profitieren. Um die unabhängigen Großhändler und die Masse der Kleinhändler von dem Plan zu überzeugen, benötigte es nicht nur Bestechungsgelder und Verhandlungen, sondern auch – ganz dem Zeitgeist entsprechend – terroristische Überzeugungsarbeit. Abrams hatte den Plan entwickelt und zog sich nach Empfang seines Anteils zurück. Die „Wholesalers Association“ wählte **Charles Jacoby Jr**. zu ihrem Präsidenten, nicht nur zufällig auch Schwager des Purple-Bosse Abe Bernstein.

Mitverschwörer Martel brachte die aufgebrachten Kleinhändler unter Kontrolle. Wenn einer bei den Versammlungen gegen die Preise protestierte, schlug Martel mit einem Ziegelstein auf das Rednerpult und rief: *Halts Maul, wenn du nicht weißt was für dich gut ist!"* Die, die dennoch unbelehrbar blieben wurden dann von der Purple Gang „behandelt". Lagerhallen brannten ab, Glasscheiben wurden zertrümmert, Bomben explodierten und diejenigen, die nur Sachschaden zu bedauern hatten, waren noch gut davongekommen.

Während der Dyers- and Cleaners-War noch tobte, hatten die Purples auch „Zwischenjobs" zu erledigen. **Frank „Frankie the polack" Wright**, **Reuben Cohen** und **Joseph „Joe" Bloom**, drei Ex-Mitglieder der St. Louis Gang *„Egan's Rats"* waren nach Detroit gezogen, um im Revier der Purple Gang zu wildern. Nach einigen Auseinandersetzungen wurden sie schließlich von den Purples zu Friedensverhandlungen in ein Hotelzimmer gebeten. Einige Zeit nachdem die Purples – vermutlich bestehend aus Eddie „Honey Boy" Fletcher, Abe Axler und den Brüdern **Phil** (geb. 1901) und **Harry Keywell** (geb. 1908) – den Raum verlassen hatten, fand man dort drei regelrecht zersiebte Tote und etwa hundert Einschusslöcher in der Zimmerwand. Die erste massive Verhaftungswelle für Leute der Purple Gang erfolgte 1926, wo das berühmte Foto mit den zehn kamerascheuen Herren entstand. Doch der Schrecken, den sie in der Detroiter Unterwelt verbreitet hatten, erwies sich als nützlich. Dem Staatsanwalt gelang es nicht, brauchbare, aussagewillige Zeugen aufzutreiben. Der Prozess behinderte die Purple Gang bei ihrem Engagement in der Bekleidungsindustrie keineswegs.

Nur wenige außerhalb der Bekleidungsindustrie ahnten, wie tief diese mit der Unterwelt verstrickt war, der kompromisslose Terror der Purples ließ die verängstigten Überlebenden schweigen. Erst 1928, als der einflussreiche Boss einer Branchenorganisation, Samuel Pollakoff ermordet aufgefunden wurde, wandten sich die noch im legalen Bereich tätigen Geschäftsleute an die Polizei. Wenn die Purples nicht davor zurückscheuten, einen bedeutenden Mann wie Pollakoff aus dem Weg zu räumen, könnte jeder von ihnen der nächste sein. Bernstein, Jacoby und 11 weitere Purple-Gangster wurden verhaftet. Wie bereits beim ersten Prozess 1926 verlief die Verhandlung im Sand. Die Zeugen der Anklage fielen reihenweise um, die Beschlagnahme belastender

Dokumente war nicht möglich, denn dort, wo man sie suchte, war vorher eingebrochen worden. Niemand zweifelte ernsthaft an der Verstrickung der Purple Gang in die aufsehenerregenden Anschläge. Zeugen sagten aus, sie hätten nur Gebühren an Geschäftsleute gezahlt, als Versicherung gegen Brände und Sachschaden, es passiere ja immer so viel. Richter John M. Cotter meinte, er hätte noch nie von einer Gruppe von Geschäftsleuten gehört, die mit Maschinenpistolen bewaffnet Gebühren einheben. Dennoch war die Beweislage der Anklage katastrophal. Mutig geworden, behaupteten die Verteidiger der Purples sogar, die Purple Gang sei nur ein Fantasiegebilde der Anklagevertretung.

Der Anfang vom Untergang der Könige von Detroit begann mit ihrer Selbstzerfleischung ab 1930, kurz vor Ende der Prohibition, als einzelne Fraktionen innerhalb der zahlenmäßig starken Purple Gang versuchten, auf eigene Rechnung zu arbeiten. **Herman „Hymie" Paul, Joseph „Nigger Joe" Leibowitz** und **Joe „Izzy the rat" Sutker** führten eine solche Splittergruppe, die als *„Little Jewish Navy"* bekannt wurde, weil sie den Schnaps mit ihren Schnellbooten über den Detroit River transportierten. Über Vermittlung des Buchmachers **Solomon „Solly" Levine** gelang es Ray Bernstein, die Führer der „*Little Jewish Navy*“ in ein Appartement in der Collingwood Avenue zu locken. Dort betraten die Purple Gangster **Irving Milberg** (geb. 1903), **Harry „Harry the fink“ Fleischer** (geb. 1902) und Harry Keywell den Raum. Als später die Polizei eintraf, fand man Paul, Leibowitz und Sutker tot vor. Die Thompson Guns, die Mordwaffen mit den abgefeilten Seriennummern, fand man in einem großen Topf grüner Farbe, wodurch keine Fingerabdrücke zurückblieben. Doch Solly Levine, der Vermittler des tödlichen Treffens, das als „*Collingwood Massacre*“ in die Geschichte der Unterwelt einging, wuchs die Sache über den Kopf. Seine Aussagen vor den Behörden führten zur Verhaftung von Ray Bernstein, Keywell und Milberg. Diesmal wurden sie zu lebenslänglich verurteilt. Während Ray Bernstein, der operative Führer der Gruppe im Gefängnis saß, zerfiel die organisatorische Kontrolle über die Gang.

Abe Bernstein, der unbestrittene Kopf der Purples, zog es nach der Gründung des New Yorker Syndikates immer mehr vor, mit den Sizilianern und den New Yorker Bossen enge Geschäftsbeziehungen einzugehen. Der Stil der Purple Gang, durch Angst und Schrecken zu regieren, mit Gewaltaktionen Schlagzeilen zu machen, war aus der Mode gekommen. Die großen im New Yorker Syndikat verankerten Gangs agierten mehr in Hintergrund. Bernstein hatte die Zeichen der Zeit erkannt. Wer ihm im Weg war, seien es auch seine eigenen Leute, musste dran glauben. 1933 fand man Abe Axler und Eddie Fletcher tot in dem Wagen, der angeblich der Frau von Abe Bernstein gehörte. **Henry Schorr** (geb. 1898) verschwand spurlos, nachdem er mit einem anderen Gang-Mitglied, Harry Fleischer, in einem Restaurant zu Abend gegessen hatte. 1936 kam Fleischer ins Gefängnis. 1937 erwischte es **Harry Millman** (geb. 1911) bei einem Attentat. Die restlichen Mitglieder der Purple Gang zog es nach Kalifornien und anderen Gegenden, oder sie wurden verhaftet. Abe Bernstein residierte den Rest seines Lebens in der teuren Suite des Book Cadillac Hotels und starb 1968 eines natürlichen Todes. Seine Purple Gang war längst in die Annalen der Unterwelt eingegangen. 1957 komponierte das Songwriter Duo Leiber/ Stoller den berühmten *„Jailhouse Rock“* und Elvis sang:

„the drummer boy from Illinois went crash, boom, bang,
the whole rhythm section was The Purple Gang.

Charlie Birger – der Robin Hood von Illinois

Shachnai Itzik „Charlie" Birger wurde zwischen 1880 und 1883 in Russland geboren. 1887 emigrierte die Familie in die Vereinigten Staaten und siedelte in St. Louis. Von 1901 bis 1904 diente Birger in der 13. U.S. Cavalry. Seinen Hang zu Pferden äußerte er auch später noch durch häufiges Tragen von Reitkleidung. Er ließ sich in Harrisburg im südlichen Illinois nieder und gründete eine Familie. Seine Abneigung gegen körperliche Arbeit, sein Geschäftssinn und seine charismatische Persönlichkeit prädestinierten ihn für das Geschäft mit dem illegalen Alkohol. Neben seinen Lokalen, die durch Glücksspiel und Prostitution gewinnbringend florierten, zog er ein Netz von *Speakeasys*, wo illegaler Alkohol verkauft wurde, über die ländlichen Bereiche von Illinois. Gnadenlos war er gegen alle, die sich seinen Geschäftsinteressen entgegenstellten. Einmal erschoss er zwei Männer in drei Tagen. Das Gericht räumte ihm Notwehr ein und sprach ihn frei. *„Ja, ich habe Menschen getötet,"* bekannte er später, *„aber es waren keine guten Menschen."* Nicht nur rivalisierende Gangster waren seine Gegner, auch der

Charlie Birger (Bildmitte, am Autodach) und seine Gang,
Süd Illionois um 1920.

Photo: Daily News, New York

in Illinois stark präsente Ku Klux Klan bekämpfte nachhaltig den Handel mit dem illegalen Alkohol. Das endete erst, als die Birger Gang einen lokalen Ku Klux Klan- Führer liquidierte.

Birger gab sich gerne volkstümlich und hatte neben seiner düsteren Seite auch einen ausgeprägten sozialen Hang. Er unterstützte arme Familien regelmäßig mit Nahrung und Heizmaterial, und warf den Kindern auf der Straße gerne haufenweise Münzen zu. Die Lokalpresse verglich ihn daher gerne mit legendären Banditen Jesse James, einer Art Robin Hood des Wilden Westens. 1924 fusionierte sich Birger mit den *Shelton Brothers*, die ebenfalls bootlegging betrieben. Um diese Zeit gründete er sein berühmt-berüchtigtes Hotel „*Shady Rest*" an der Route 13 zwischen Harrisburg und Marion. Es lag auf der traditionellen Anlieferungsroute für die Alkoholtransporte von Nord nach Süd und umgekehrt. Es wurde bald sehr populär bei den Prohibitionsgangstern im ganzen Land. Sogar Chicagos allerhöchster Mobster, Al Capone, war mit Birger befreundet, sie hatten den gleichen Schneider. Das Hotel galt als einschlägige Zuflucht und Raststätte und war mit allem möglichen Service für illegale Alkoholtransporte ausgestattet. Es war ein Hotel, in dem tagsüber geschlafen wurde, weil seine Gäste lieber nachts unterwegs waren. Bald wusste man im ganzen Land darüber Bescheid, selbst die Polizei. Schließlich kam es zum Krieg zwischen den beiden bisherigen Partnern. Die Birger Gang rüstete gegen die Shelton Brothers auf. Dabei wurde Birgers Lastwagen wurde sogar mit Stahlplatten gepanzert. 1927 ging das *Shady Rest* in Flammen auf, Gerüchten nach soll Birger selbst der Brandstifter gewesen sein. Nachdem es ihm nicht gelungen war, die Sheltons mit Gewalt aus dem Geschäft zu treiben, gab er den Behörden gezielte Hinweise und erreichte schließlich sein Ziel.

Doch wie auch in anderen Konflikten, waren die vorangegangenen Gewalttaten so heftig geworden, dass die Behörden nun entschlossener gegen ihn vorgingen. In einer der konkreten Mordanklagen wurde er für schuldig befunden. Birger beteuerte seine Unschuld. *„Sie haben mich drangekriegt, für eine Tat, die ich nicht begangen habe,"* soll er zu einem Freund gesagt haben, *„aber ich habe andere Dinge getan, für die sie mich nicht erwischt haben, also gleicht es sich wieder aus."* Das Urteil lautete Tod durch den Strang. Es war das letzte Mal, dass in Illinois der Galgen in Funktion treten sollte. In seiner letzten Stunde wurde Charlie Birger noch seinem charismatischen Ruf gerecht, als er lächelnd vor seinen Henker trat und meinte: *„Die Welt ist doch schön!"*

Der traurige König von Philadelphia

Ebenfalls ein Sohn russisch-jüdischer Einwanderer war der 1893 in Philadelphia geborene **Max „Boo Boo“ Hoff**. Seinen seltsam klingenden Beinamen erhielt er von seinen nichtjüdischen Spielkameraden bereits in seiner Kindheit. Wenn seine Mutter nach ihm rief, hieß das „*bo*“, das hebräische Wort für „komm“.

Hoffs Gangsterkarriere begann mit dem Promoten von Boxern. Als die Prohibition begann, tat er sich mit anderen jüdischen Gangstern zusammen und trat die Herrschaft über Philadelphia an. Das dafür notwendige branchenspezifische Durchsetzungsvermögen hatte er zu bieten. Er war in der ganzen Stadt der wichtigste Käufer für die beliebten Thompson Guns und kugelsichere Westen, so dass er Rivalen bald nicht mehr zu fürchten brauchte. Er war der anerkannte „King of Bootleggers“ in Philadelphia. Legendär waren auch seine Weihnachtsgratifikation en an die örtliche Polizei (zusätzlich zum üblichen Schmiergeld). Auf die Frage eines Richters an einen örtlichen Polizeioffizier, wie man es mit einem Diensteinkommen von 2.000 Dollar pro

Jahr zu einem Sparguthaben von 100.000 Dollar bringen könnte, antwortete dieser trocken: *„Ich habe nebenbei Vogelkäfige für den Einzelhandel produziert."* „Boo Boo" Hoff wurde mit dem Alkohol ein reicher Mann, denn Philadelphia war ein gutes Pflaster. 1920 wurden 14.313 Personen wegen Trunkenheit in der Öffentlichkeit verhaftet. Im Unterschied zu den anderen Größen im Bootlegging, gelang es Hoff nicht, nach Ende der Prohibition erfolgreich in eine andere Branche umzusteigen. Alle Investitionen in Nachtlokale und anderes schlugen fehl. 1941 nahm er sich als gebrochener Mann das Leben, indem er eine Überdosis Schlaftabletten schluckte. Die dominierende Gestalt in Philadelphia wurde dann **Harry „Nig Rosen" Stromberg** (geb. 1902), der sich schon als Jugendlicher wie Meyer Lansky und andere seine Unterwelt-Sporen an New Yorks Lower East Side verdient hatte. Im Dienste von Louis „Lepke" Buchalter lernte er sein Handwerk in den Gewerkschaft-Racketeers. In Philadelphia baute er nach dem Ende der Prohibition sein Spielcasino-Imperium aus.

Der lange Abner

Zu den bedeutenden jüdischen Gangstern die in der Prohibition reich wurden, gehörte auch **Abner „Longy" Zwillmann** (geb. 1904), wegen seiner auffallenden Körpergröße auch *der Langer* (jiddisch für große Gestalt) genannt. Er stammte ebenfalls aus dem Umfeld des Bugs-Meyer-Mob. Als Sohn jüdisch-russischer Emigranten in Newark, New Jersey, in ärmlichen Verhältnissen aufgewachsen, erkannte er schon als Jugendlicher, dass die Leute, die viel Geld verdienten entweder Politiker oder Spieler waren. Als die Prohibition kam, nutzte er seine Chance. Zu seinen Mitstreitern gehörten **Joseph „Doc" Stacher (Ostacher)** (geb. 1901), ein Jugendfreund von Meyer Lansky, und **Joseph Reinfeld** (geb. 1899). Mit der entsprechenden Härte und Grobheit setzte Longy seine Geschäftsinteressen gegen Konkurrenten durch, so dass er von den üblichen Überfällen rivalisierender Gruppen auf Alkoholtransporte bald verschont blieb. Mit den anderen mächtigen Bootleggern schloss er enge Bande. Er kooperierte mit den Morettis, mit Luciano, Lansky, Lepke und Costello. Bald nannte man ihn den „Al Capone von New Jersey".

Später, in den Fünfzigern, fragte ihn ein Senator beim Kefauver-Hearing, wie er zu diesem Titel gekommen sei. Zwillmann meinte, das sei nur so ein Mythos, der sich entwickelt hätte. Wenn er ein Restaurant besuchte, dann glaubten alle, das Restaurant gehöre ihm, wenn er ein Hotel besuchte, sagte man, er sei der Eigentümer. Das sei dann wohl der Fluch der Popularität, meinte der Senator. Bekannt wurde Zwillman auch wegen einer Affäre mit der Schauspielerin Jean Harlow, noch bevor ihre große Karriere begann. Dabei prägte er eine auch heute noch oft verwendete Definition, als er ihre Haarfarbe als *platinblond* bezeichnete. Dass sie „originalblond“ war, bewies er seinen Freunden durch das Vorzeigen ihrer Schamhaare, die er stets in seiner Brieftasche mit sich führte, wie das FBI berichtete. Obwohl Zwillmann nicht ausgeprägt religiös war, respektierte er die Traditionen. Als sein Freund Herman „ Hymie“ Kugel verstarb, blieb er während der Begräbnisfeierlichkeiten außerhalb der Aufbahrungshalle. Als man ihn fragte warum, antwortete er, er sei ein *Kohen,* ein Abkömmling einer frühen hebräischen Priesterkaste, der es verboten war, sich mit Körpern Verstorbener im gleichen Raum aufzuhalten.

Auch nach Ende der Prohibition gehörte er zu den Mächtigen und Einflussreichen. Die Vertreter der demokratischen Partei New Jersey legten Zwillman regelmäßig ihre politischen Kandidatenlisten zur Genehmigung vor. Nur einmal wurde Zwillman verhaftet: Als er einen seiner eigenen Männer brutal zusammenschlug. Der Mann wollte auf eigene Rechnung Geschäfte machen und Zwillman kam dahinter. Er wurde zu einem halben Jahr Gefängnis verurteilt. Zwillman sagte vor Gericht, er hätte den Mann auch töten können, doch er hatte ihn am Leben gelassen, weil er ein Schwarzer war. Mit denen hätte er immer schon Mitleid gehabt. Zwillman verbüßte seine Haft erwartungsgemäß in einem „fidelen Gefängnis". Seine Mahlzeiten wurden von außerhalb geliefert und in seiner Zelle hatte er ein Telefon, damit er seine Geschäfte abwickeln konnte. Seine Freunde staunten nicht schlecht, als sie ihn während der Haftzeit in einem Nachtklub trafen. Er bewohnte seine Zelle nur tagsüber, nachts hatte er Ausgang. Nach drei Monaten wurde er wegen „guter Führung" vorzeitig entlassen und es regnete kostspielige Geschenke für das Gefängnispersonal.

Boston – „King“ Solomons kurze Herrschaft

Das puritanisch konservativ geprägte Boston war während der Prohibition von ethnisch unterschiedlichen Gangs dominiert. Der jüdische Teil gehörte **Charles „King“ Solomon** alias **„Boston Charley“** (geb. 1884), ebenfalls ein Sohn russisch-jüdischer Emigranten. Neben der italienischen Organisation der Buccola Familie und der irischen Gang von Frankie Wallace hielt er bedeutende Anteile am Bootlegging-Profit in Boston. Er hielt Kontakte mit Joe Kennedy, dem Vater der späteren US-Präsidenten und zahlreichen wichtigen Persönlichkeiten. Er war es auch, der Boston bei der zentralen Konferenz der Prohibitionsgangster 1929 in Atlantic City vertrat. Sein Stil des Geschäftemachens entsprach eher der Besonnenheit von Meyer Lansky oder Moe Dalitz. Und genauso wenig wie seinen weit bedeutenderen Vorbildern konnte ihm die Justiz nichts anhaben. Mit Geschick entzog er sich immer wieder den Verfolgungen durch die Behörden und Bestechungsgelder taten ihr übriges. Seine mangelnde Entschlossenheit seine Geschäftsinteressen notfalls auch mit Gewalt durchzusetzen, brachte ihn jedoch gegen seine örtlichen Rivalen bald ins Hintertreffen. Er sollte die Ära der Prohibition nicht überleben.

Am 6.1.1932 wurde er in den Waschräumen eines Klubs in Roxbury ermordet. Zeugen hörten den Dialog, den Solomon kurz zuvor mit seinen Mördern führte:
„Ihr habt mir mein Geld genommen, was wollt ihr noch?"
„Wie auch immer, es bleibt dir nicht erspart." Es krachten Schüsse und vier Männer flohen zum Ausgang des Lokals. Solomon wankte ihnen schwer blutend nach, rief: *„Diese dreckigen Ratten haben mich erwischt!"* und fiel zu Boden. Die vermeintlichen Killer wurden geschnappt und wegen Raubmord verurteilt. Die meisten Indizien sprachen für ein Attentat rivalisierender Banden. Solomons Witwe Bertha erbte seine Millionen und heiratete ein Jahr nach seinem Tod ein weiteres mal. Diesmal zog sie einen Gatten vor, der sein Einkommen in der legalen Welt erwarb.

Die ehrenwerten Geschäfte des Moe Dalitz

Morris Barney „Moe" Dalitz (Dulitz) wurde 1899 als Sohn eines Bostoner Wäschereibesitzers geboren. Die Familie zog nach Michigan, wo auch die einschlägige Karriere von Moe begann. Angeblich hielt er enge Kontakte mit der frühen Purple Gang in Detroit. Obwohl das Glückspiel seine Domäne war, verdiente er mit der Prohibition das meiste Geld. Um seine Familie, die in Michigan eine große Wäscherei führte, nicht zu kompromittieren, zog er ins nahegelegene Cleveland, Ohio und nannte sich *Maurice Davis*. Ähnlich Detroit, dem Revier der gefürchteten Purple Gang, hatte Cleveland durch seine Lage an der Kanadischen Grenze eine besondere Bedeutung im Prohibitionsgeschäft. Der in Kanada legal produzierte Alkohol floss in Strömen über die Grenze in die USA, wo bereitwillige Helfer für Vertrieb und Transport sorgten. Dalitz hatte sich mit **Morris Kleinmann** (geb. 1897), **Louis Rothkopf** (geb. 1900) und **Sammy Tucker** (geb. 1897) zusammengetan. Sie fusionierten sich mit der örtlichen *Mayfield Road Gang* unter der Führung der Sizilianer Tony und Frank Milano. Als die beiden ins Gefängnis kamen, war die Gang von ihren jüdischen Mitgliedern dominiert, und bald sprach man vom *Cleveland Syndikat* unter Moe Dalitz‘ diskreter Führung. Es war typisch für seinen Stil, dass er es, wie sein enger Freund Meyer Lansky, vorzog im Hintergrund zu bleiben. Ebenso charakteristisch war, dass er neben dem Bootlegging zahlreiche saubere, legale Betriebe unterhielt, darunter eine Wäscherei und eine Speiseeis-Fabrik. Für die Kontrolle und Übernahme der rivalisierenden Glückspiel- und Bootlegging-Gangs hatte er seine Leutnants **Sam „Gameboy“ Miller** und Al Polizzi sowie eine ganze Gruppe an Strohmännern und Anwälten, die für ihn an der Front tätig waren.

Als die USA 1942 in den Weltkrieg eintraten, meldete sich Dalitz freiwillig und brachte es zum Vizeleutnant. Nach Ende des Krieges begann er sein gewaltiges Netz von legalen und illegalen Geschäften auszubauen. Dank seiner guten Verbindungen mit den Größen der New Yorker Unterwelt hatte er seine Fühler weit über Cleveland hinausgestreckt. Seine Hotels und Kasinos florierten in Florida, Kentucky, West Virginia, Indiana, Kuba und anderswo. Das Glücksspiel war in vielen Bundesstaaten verboten oder zumindest öffentlich geächtet. Nevada legalisierte alle diese

Varianten des Spiels, von der Lotterie über die Kartenspiele, den Spielautomaten bis zum Pferdewetten aus dem gleichen Grund, warum früher schon die Prohibitionsgesetze gefallen waren – wegen Aussichtslosigkeit. So wurde lediglich legal, was bereits illegal eine Massenbeschäftigung war. Die große Sternstunde begann Anfang der 50er Jahre, als es große Teile der Unterwelt nach Las Vegas zog. Das neue Spielerparadies kam seiner Neigung entgegen, seine Geschäfte möglichst legal zu betreiben. Das *Dessert Inn*, eines der führenden Kasinos und seine anderen Einrichtungen sorgten für satte Profite, so dass er nach und nach auf illegale Aktivitäten verzichten konnte. Mit großer Sensibilität verfolgte er die in den Medien artikulierte öffentliche Meinung über ihn. In einer Publikation wurde er als *„scheinheiliger kleiner Gangster aus Cleveland..“* bezeichnet, *„..und seinem Wesen nach ist er immer noch ein Ganove, nur ist er etwas weichherziger geworden.“*

„Warum nur, warum..“, reagierte Dalitz reichlich emotional auf solche Beschreibungen, *„warum diffamiert man mich so? Ich war es, der zeitlebens solche Ganoven bekämpft hat! Warum tut man mir das an?“*

„Ich hoffe, euer Großvater hat damals schon Whisky getrunken,“ erklärte er seinen Interviewpartnern in Anspielung auf die Prohibitionszeit, *„ich war der, der diesen Whiskey verkauft hat, deswegen bin ich der Geächtete. Wann wird man mir endlich vergeben?“*

Doch dass er auch seinem Metier entsprechend hart und kaltblütig sein konnte, zeigte sich 1963 bei einer Begegnung mit dem betrunken Boxweltmeister Sonny Liston, der in einem Hotel in Hollywood lautstark Streit mit ihm anfing. Als Liston mit der Faust drohte, meinte Dalitz mit ruhiger Stimme: *„Wenn du mich schlägst, Nigger, ist es besser, du erledigst mich gleich ganz. Denn es genügt ein Anruf von mir, und du bist innerhalb von 24 Stunden ein toter Mann.“* Nach einigen langen Sekunden voll knisternder Spannung und eisiger Stille im ganzen Lokal, entschied Liston, weiterhin am Leben zu bleiben und verließ wortlos den Schauplatz.

1976 wurde Dalitz von der amerikanischen Krebsforschung wegen seiner großzügigen Spenden zum *„Humanitarian of the Year“* ernannt. 1982 erhielt er den *„Torch of Liberty“* Award der

Anti-Verleumdungs-Liga von *B`nai B`rith*. Nach seinem Tod 1989 wurde ein von ihm gegründeter Fond mit 1,3 Millionen Dollar auf karitative Organisationen verteilt. Wonach sich so viele Gangster jüdischer Abstammung insgeheim sehnten – die Anerkennung der Gesellschaft, in der sie geächtet waren – gelang Moe Dalitz noch am ehesten. Während sich Meyer Lansky nie von seinem düsteren Mythos lösen konnte und seine Geschäfte im Schatten verbarg, gelang Moe Dalitz der Aufstieg zum einem geachteten Bürger wenigstens teilweise.

Unterwelt und Oberwelt

Wenn es um Einflussnahme auf die Politik ging, tendierten die Unterweltbosse häufig zu den Politikern der Demokratischen Partei. Bei der Kandidatenkür der Demokraten in Tammany Hall wurden jene gesponsert, die sich gegenüber den einschlägigen Geschäftsinteressen flexibel zeigten. Viele nahmen beträchtliche Summen an Spendengeldern dankbar entgegen. Die Luciano-Gruppe war auch in dieser Sache pragmatischer als andere. Es war egal, ob man einen republikanischen oder demokratischen Kandidaten bestach. Wichtig war nur, dass man auf den kommenden Sieger setzte, wie beim Pferdewetten. *„Wir hatten keine politischen Interessen,"* meinte Luciano, *„es ging nur darum, unsere Freunde möglichst nach oben zu bringen."* Oder wie es Meyer Lansky darstellte: *„Es gibt drei Parteien in den Vereinigten Staaten. Die beiden* (Republikaner, Demokraten) *und wir."*

Solche Verflechtungen gelten immer noch als charakteristischer Maßstab für die sogenannte „organisierte Kriminalität". Sidney Zion definierte es in *„The Story of the American Mob"* so: *„Organisierte Kriminalität bedeutete politische Kontakte, das ist, was sie zur organisierten Kriminalität macht. Es ist mehr als nur eine Bande. Es gibt viele Banden, aber sie haben keine Verbindungen. Organisierte Kriminalität bedeutet Verbindung zu Gesetzgebung, zu Anklägern, Richtern, zu Personen, die dafür sorgen können, dass nichts passiert. Das ist, was organisierte Kriminalität ausmacht. Alles andere sind nur Straßenbanden."*

Am 10.5.1929 berief der Republikaner „Nucky" Johnston, seines Zeichens eine damals gar nicht so außergewöhnliche Mischform zwischen Politiker und Gangster, ein Treffen aller bedeutenden Bootlegger in Atlantik City ein. Die illustre Runde der Eingeladenen bestand aus nahezu ebenso vielen Juden wie Italienern. Da kamen Al Capone aus Chicago, „King“ Solomon aus Boston, „Boo-Boo“ Hoff aus New Jersey, Moe Dalitz aus Cleveland, Abe Bernstein der Sendbote der *Purple Gang* aus Detroit, „Longie“ Zwillmann aus Philadelphia und noch andere. Die größte Delegation kam standesgemäß aus New York: Lucky Luciano, Joe Torrio, Meyer Lansky, Frank Costello, „Lepke“ Buchalter, Joe Adonis, Dutch Schultz, „Waxey“ Gordon und Alberto Anastasia. Auffällig und symbolisch für einen sich abzeichnenden Trend in der Szene war das Fehlen der beiden New Yorker Mafiabosse Joe „The Boss“ Masseria und seines Widersachers Salvatore Maranzano. Sie mochten die New Yorker Straßen beherrschen, doch für die überregionalen Alkoholgeschäfte schienen sie eher bedeutungslos.

Die Konferenz begann etwas chaotisch. Johnson hatte irrtümlich einige seiner Gäste in einem Hotel eingecheckt, in dem nur WASP´s (White Anglosaxon Protestants) zutritt hatten. Ein Blick auf die Gesichter von Mr. Al Capone und den anderen Herren genügte für die Angestellten, zu erkennen, dass diese keine solchen waren. In Unkenntnis, mit wem sie es da zu tun hatten, verweigerte das Personal den ungebetenen Gästen entschlossen den Zutritt. Die Gangster, die alle inkognito unterwegs waren, mussten mitspielen, um ihre Identität nicht preiszugeben. Johnston quartierte seine Gäste ins nahe Ritz um, wo es solche ethnischen Barrieren nicht gab, doch Capone war stinksauer. Im Foyer des Ritz angekommen, nahm er eines der teuren Bilder von der Wand und zog es Johnston über den Kopf.

So chaotisch das Treffen begonnen hatte, so produktiv endete es. Das Geschäft mit der Prohibition florierte, in Detroit gab es z.b. bereits 15.000 Flüsterkneipen in denen der illegale Alkohol floss, in New York schon 30.000. Die Konferenz hat in den Annalen der Unterwelt deswegen historische Bedeutung, weil sie als Einzelereignis vorwegnahm, was später das Syndikat zur Dauereinrichtung machte. Es gab erstmals eine bedeutende landesweite Koordination zwischen den einzelnen Gruppen. Das Treffen sollte den gemeinsamen Vertrieb koordinieren, der nach Rothsteins Tod (siehe nächstes Kapitel) in Konfusion geraten war und auch zu Strategien führen, wie es nach dem Ende der Prohibition weitergehen sollte. Man ahnte bereits, dass das

Prohibitionsgesetz, das dieses lukrative Geschäft erst ermöglichte, nicht ewig aufrecht bleiben konnte. Selbst die letzten verstockten Alkoholgegner müssten irgendwann erkennen, dass es eine Farce war. Die Bosse begannen, sich nach anderen einträglichen Branchen umzusehen.

Kapitel IV

DER CASTELLAMARE-KRIEG

Eine sizilianische Angelegenheit

Im Raum New York gehörte Salvatore Lucania alias Charles „Lucky“ Luciano mit seiner *„jüdischen Bande“* (so genannt wegen seiner engen Bindung zu Lansky, Siegel und Lepke) zu den aufstrebenden Bootleggern. Seine erfolgreiche Organisation hatte die Aufmerksamkeit der sizilianischen Mafia-Paten erweckt. Dazu gehörte Joe „The Boss“ Masseria, der nachhaltig versuchte, die anderen italienischen Gangs unter seine Kontrolle zu bringen und in New York als die dominante Kraft galt. Auf der anderen Seite stand der 1925 aus Sizilien eingewanderte Newcomer Salvatore „Little Cäsar“ Maranzano, dessen

Anhänger sich aus dem Umfeld von Castellamare, einem Ort in der Nähe Palermos rekrutierten. Er war der klassische „Mustache-Pete“ (Schnurbartpeter) der die Mafia-Tradition ihres Heimatlandes verkörperte. Das Wesen der traditionellen, spirituell geprägten Geheimgesellschaften hatte für ihn eine zentrale Bedeutung. Seine ethnisch-konservative Einstellung, bewog ihn, seine Geschäfte nur mit den eigenen Landsleuten zu führen. Selbst Neapolitaner wie Al Capone waren ihm suspekt, da diesen der spirituelle Bezug zur Cosa Nostra fehlte. Das Stigma des sizilianischen Bosses war unter der italienischen Einwandergeneration besonders ausgeprägt, man begegnete ihnen mit tiefer Ehrfurcht und Respekt. Es bewirkte aber auch, dass sich ihr Einfluss fast nur auf die italienischen Wohnviertel beschränkte. Der verhinderte Priesteramtsanwärter Maranzano kam in den *Roaring Twenties* auf Wunsch des einflussreichen sizilianischen Paten Vito Cascio Ferro nach New York und mit ihm ganze Heerscharen von Kriminellen aus dem Castellamare-Umfeld. Mussolinis Machtübernahme hatte Sizilien zu einem ungemütlichen Platz für die Mafia werden lassen. Maranzano, der sich gerne wie ein Gentleman benahm und sein hohes Bildungsniveau demonstrierte, verachtete den angestammten fettleibigen New Yorker Platzhirschen Masseria mit seinen groben, primitiven Manieren.

Zwischen den Mühlsteinen

Beide Bosse buhlten um die Luciano-Gruppe mit ihren Prohibitionsprofiten. Masseria war nicht so traditionell orientiert, wie sein Gegenspieler Maranzano, doch wegen seines Ärgers mit dem Bugs-Meyer-Mob verlangte er von Luciano erst die

Meyer Lansky (3 v.r.), Charly „Lucky“ Luciano (4 v.r.) und weitere bei einer Einvernahme 1932.

Photo: Chicago Police Department

Trennung von den *„Hebs"* (Hebräer), seinen jüdischen Freunden. Das kam für Luciano nicht in Frage, doch Masserias Macht war zu groß, als dass Luciano offen widersprechen konnte. Den Kontakt mit Meyer Lansky hielt er im Verborgenem weiter aufrecht. *„Sie hatten immer dieselbe Wellenlänge,"* berichtete Bugsy Siegel über die beiden, *„sie brauchten einander nur anblicken und schon wusste jeder von ihnen, was der andere dachte. Man hörte sie nie streiten oder argumentieren, sie waren immer der gleichen Meinung."* Luciano befand sich in einer heiklen Position und versuchte, sich aus dem vorhersehbaren Konflikt zwischen Masseria und Maranzano, die er beide verachtete, herauszuhalten. Er war der amerikanisch, pragmatisch geprägte Mafiosi der neuen Generation, den altehrwürdigen Pathos der Traditionalisten lehnte er ab. *„Die waren alle so ehrenwert"*, spöttelte Meyer Lansky über Lucianos Landsleute, *„dass keiner dem anderen über den Weg traute."*

Masseria hatte es jedenfalls nicht mehr notwendig, sein Territorium zu erweitern, wie die anderen Gangs. Er konnte alleine schon davon leben, dass sich die meisten anderen Familien gegen Tribut seines Wohlwollens versicherte. In seinen früheren

Fehden hatte er alle Attentate überlebt, was seinem Stigma als „Capo di tutti Capi“ (Boss der Bosse) sehr entgegenkam. Doch wie Maranzano hatte er nur beschränkte Kenntnisse über die Gesetzmäßigkeiten außerhalb der italienischen Lebensräume. Deswegen benötigte er Luciano, der mit seiner Gruppe der Shooting Star des Alkoholschmuggels war. In seinem exklusiven Kundenkreis, den ihm Rothstein nahegebracht hatte, war er zu einer Art Maskottchen der gesellschaftlichen Schickeria aufgestiegen. 1923 erwarb er teure 200 Karten für den Boxkampf zwischen Dempsey und Firpo, der eigentlich schon vorher ausverkauft war. Demonstrativ schüttelte er seinem Gast, dem New Yorker Polizeichef Enright, in aller Öffentlichkeit die Hand. Längst waren er und seine jüdischen Verbündeten den Slums der Lower East Side entronnen und residierten als Prohibitionsmillionäre in den teuersten Hotels Manhattans.

Auch Maranzano, auf dessen Seite die Familien der Bonnano und Profaci standen, kontaktierte die Luciano-Gruppe. Bei einem Treffen nahm Luciano seinen Freund Frank Costello mit, einen Neapolitaner, um zu sehen wie der traditionalistische Maranzano reagierte. Dieser sagte zu, er werde Lucianos Leuten den gleichen Rang verleihen, wie den Sizilianern (gemeint war das zeremonielle Aufnahmeritual der Mafia), doch nicht den beiden Juden Lansky und Siegel. Nach seinem Vortrag stand der eitle Maranzano auf und erwartete Ovationen zu seinen Ausführungen wie ein Cäsar vor dem Senat. Genau dieses Verhalten verärgerte Luciano, der nicht vorhatte, irgendjemanden den Siegelring zu küssen, er lehnte ab. Masseria dagegen sah in Lucianos distanzierter Zurückhaltung eine Beleidigung und ließ ein paar seiner Whiskylieferungen hochgehen, was Luciano und Lansky in eine Notlage brachte. Wenn sie die Nachfrage ihrer Kunden nicht mehr decken konnte, würde ein anderer das Geschäft machen.

Also ließ sich Luciano darauf ein, als Leutnant (Capo) von Masseria zu fungieren und reorganisierte dessen Bootlegger-Organisation. Dem ewig misstrauischen Masseria genügte das nicht. Als weiteren Vertrauensbeweis verlangte er von Luciano den Überfall auf einen Geldboten, was Luciano in eine prekäre Situation brachte. Der Überfall ging fast schief und Luciano musste vor Gericht. Es kostete ihm eine ganze Menge seiner politischen Beziehungen und Schmiergelder, um als freier Mann den Gerichtssaal wieder zu verlassen. Der überfallene

Geldbote konnte Luciano bei der Gegenüberstellung nicht als Täter identifizieren. Der Mann war schließlich nicht lebensmüde und sein Schweigen sollte ihm reichlich entlohnt werden. Luciano sollte jedenfalls nicht vergessen, in welch schwierige Situation ihn Masseria gebracht hatte. Das waren nur die ersten Vorboten eines massiven Gewitters, das sich über der New Yorker Unterwelt zusammenbraute.

Mr. Big tritt ab

Doch ehe der Krieg zwischen den verfeindeten Mafiaclans ausbrechen sollte, erschütterte ein anderes Ereignis die Unterwelt. **Arnold „Mr. Big“ Rothstein**, der „Moses der Unterwelt“ wurde im Alter von 46 Jahren ermordet. Rothstein hatte sich zuletzt immer mehr aus dem operativen Bereich des Alkoholschmuggels zurückgezogen. Durch die massiven Gewaltakte rivalisierender Bottlegger wurde ihm das Geschäft zu unkontrollierbar. Sein offizieller Leibwächter Jack „Legs“ Diamond („Legs“ war eine Anspielung auf seine Lauffreudigkeit beim Auftauchen der Polizei) hatte sich noch dazu eigensinnig in zahlreiche Fehden mit Rivalen verwickelt. Seine zahlreichen Verwundungen, die er sich bei den Schiessereien einhandelte, brachten ihm den Titel „Tontaube der Unterwelt“ ein. Kalamitäten dieser Art waren nicht nach Mr. Rothsteins Geschmack. Er zog es vor, im Hintergrund die Fäden zu ziehen und die vulgären Straßenschlachten anderen zu überlassen.

Die Umstände seiner Ermordung wurden nie exakt geklärt. Er dürfte jedoch kein Opfer einer klassischen Unterweltfehde gewesen sein. Rothstein, der leidenschaftliche Spieler, hatte gelegentlich auch beim Pokern verloren. Wenige Tage vor seinem Tod hatte er gegenüber seinem Kontrahenten George McManus, einem Buchmacher und Spieler, die Zahlung von Spielschulden hinausgezögert. Am 4. November 1928 wankte Rothstein aus seinem Hotelzimmer, schwer verletzt durch einen Schuss in den Unterleib. Er schaffte es bis zur Rezeption, wo er ein Taxi anforderte. Rothstein wurde in einer nahegelegenen Klinik operiert, doch sein Zustand blieb kritisch. Als er in einem wachen Moment von den Polizisten gefragt wurde, wer der Täter war, erwiderte er nur lakonisch: *„Darum kümmere ich mich selbst.“* Aber es war zu spät für Mr. Big, er fiel ins Koma und verstarb am Tag darauf. Er wurde nach traditionellem jüdischen Ritus bestattet. Viele Indizien sprachen gegen ein unterwelttypisches Attentat. Im Hotelzimmer, dem Tatort, fand man mehrere leere Whiskyflaschen. Die Tatwaffe wurde aus dem Fenster geworfen und lag auf der Straße. Ein professionelles Killerkommando hätte das Opfer ins Herz oder in den Kopf geschossen, um den sofortigen Tod herbeizuführen. Der Mörder wurde nie gefasst.

Die Behörden beschlagnahmten 6.000 Dokumente aus Rothsteins Nachlass. Doch über ihren Inhalt wurde kaum etwas veröffentlicht. Zu viele Namen von Politikern, Polizisten, Staatsanwälten und Richtern dürften darin enthalten gewesen sein. Das Ausmaß der Korruption und die Verfilzung zwischen der legalen und der illegalen Macht in den Vereinigten Staaten war schockierend. Die Unterlagen dürften bei manchen Vertretern der Staatsmacht ein Anstoß gewesen sein, die Unterwelt als die Bedrohung zu erkennen, die sie für das unterwanderte politische Establishment tatsächlich war. Doch es sollte noch dauern, ehe unbestechliche Vertreter der Staatsmacht das organisierte Verbrechen empfindlich bekriegen sollten. Rothsteins Verbrechensphilosophie blieb jedenfalls prägend für die nachfolgende Generation.

Luciano, der Glückliche

Als Luciano nach dem Treffen in Atlantik City (siehe voriges Kapitel) wieder in New York war, schlug ihm Maranzano ein Treffen vor. Joe Profaci, Boss von Staten Island sollte als Verbündeter Maranzanos für Lucianos Sicherheit bürgen (Luciano war formell ein Capo von Masseria). Luciano erkannte zu spät, dass es eine Falle war. Sie folterten ihn mit Schlägen und Zigarettenstummeln. Maranzano verlangte von ihm kategorisch, er müsse Masseria aus dem Weg räumen. Luciano weigerte sich, denn er wusste, dass er nach den sizilianischen Regeln als Attentäter eines Bosses nie dessen Nachfolger werden dürfe. Daraufhin zog Maranzano sein Messer und schnitt Luciano eine tiefe Wunde ins Gesicht. Doch als Maranzanos Leute ihre Waffen zogen, um ihn zu exekutieren rief er: *„Nein! Lasst ihn da liegen. Er hat seine Lektion gelernt, er weiß, was zu tun ist.“* Glück für Luciano und Pech für Maranzano, wie sich später noch herausstellen sollte. Luciano schleppte sich ins nächste Krankenhaus. Die Messernarbe sollte ihm für den Rest seines Lebens einen düsteren Gesichtsausdruck verleihen. Dass er die Entführung überlebt hatte, sollte ihm erst seinen Beinamen „Lucky" einbringen. *„That's you, lucky,"* soll Meyer Lansky zu ihm gesagt haben, *„Lucky Luciano!"* . Einige Chronisten verweisen diese Taufe in den Bereich der Legenden. Luciano soll den Beinamen „Lucky" schon früher wegen seiner erstaunlichen Erfolge beim Pferdewetten geführt haben.

Konspiration gegen Tradition

Ohne einen offenen Konflikt auszutragen, hatten Maranzano und Masseria bis jetzt nur Druck auf Luciano ausgeübt, um ihn auf ihre Seite zu bringen. Lanskys Rolle während der sizilianischen Vendetta zwischen Masseria und Maranzano ist nur andeutungsweise überliefert. *„Little Man"* nannte man ihn wegen seiner geringen Körpergröße, allerdings mit allem Respekt. Viele glauben noch heute, er wäre der strategische Mastermind im Hintergrund.

„Lansky war in seinem Denken sizilianischer als ich," bekannte Luciano, *„er hatte zwar eine jüdische Mutter, aber seine Amme musste eine Sizilianerin gewesen sein. Er konnte ums Eck*

schauen. Wenn es in der Unterwelt zu Intrigen kam, konnte er fast immer genau vorhersagen, was als nächstes passieren würde."

Lansky dachte, Maranzano sei der schlauere und intelligentere der beiden Kontrahenten. *„Du fängst schon wieder damit an,"* meinte Bugsy Siegel, *„immer willst du Schicksal spielen. Wofür zur Hölle hältst du dich eigentlich? Für irgend so einen Kerl, der in die Glaskugel schaut? Zwischen Masseria und Maranzano steht es fifty-fifty. Na los, Schlaumeier, setz auf den Sieger!"*
„Den Sieger, den kenn ich schon lange," antwortete Lansky, *„alles, was wir tun müssen, ist diese beiden Straßensperren beseitigen, und schon sitzt unser Freund Charlie (Luciano) an der Spitze. Und das ist es doch, was wir wollen, oder?"*, so die vermeintlichen Dialoge, die die Haltung der jüdischen Gangster in diesem sizilianischen Mafiakrieg charakterisieren sollten.

Ein Boss als Bauernopfer

Die Gruppe um Luciano und Lansky hatte Sympathisanten in beiden Lagern. Dadurch erfuhren sie von Masserias Plan, Maranzanos Verbündeten Joe Profaci umzulegen. Dieser durchtriebene Schachzug sollte Maranzano schwächen und Luciano noch abhängiger machen. Es war jener Profaci, der bei dem Maranzano-Treffen mit der Messernarbe für Lucianos Sicherheit garantieren sollte und dieses Versprechen gegen alle Tradition gebrochen hatte. Ein toter Profaci würde bedeuten, dass Luciano untertauchen musste und sich nicht mehr um seine Geschäfte kümmern konnte. Man würde einen Racheakt Lucianos vermuten. Die Behörden, die von den Treffen wussten, würden Luciano wegen Mordes anklagen und Maranzano würde sich an Luciano rächen wollen. Die Situation glich einem Pulverfass und die Lunte zu diesem Fass war Gaetano Reina, der Boss einer der fünf New Yorker Mafiafamilien. Reina war ein Mann von Kultur und Bildung, einer der Verbündeten Masserias. Er besaß als legale Fassade einige Eisfabriken, die zu einer Zeit, wo es noch wenige elektrische Kühlschränke gab, gute Gewinne brachten. Doch Masserias Bevormundung störte ihn, deswegen unterhielt er heimliche Kontakte zu Maranzano. Dennoch blieb Reina loyal und war nicht zu einem Übertritt zu bewegen.

Vito Genovese, ein ehrgeiziger und strebsamer Mafioso aus dem Luciano-Kreis fungierte als Todesbote. Er traf Reina unter vier Augen und jagte ihm mehrere Kugeln in den Kopf. Von Angesicht zu Angesicht, wie es das sizilianische Ritual bei einem Mord an einem bedeutenden Mann verlangte. Daraufhin wurde Maranzano die Botschaft zugespielt, der ewig misstrauische Masseria hätte von Reinas heimlichen Kontakten zu ihm erfahren und Reina ermorden lassen. Maranzano glaubte die Geschichte. Der Mord an einem Boss war das Startsignal für den offenen Krieg. Masserias geplante Intrige gegen Luciano war hinfällig, die Ereignisse hatten ihn überholt. Reinas Familie zersplitterte sich, ein Teil lief zu Maranzano über, der andere Teil war unentschlossen. Der Mord an Reina war der Hieb durch den Gordischen Knoten gegen Lucianos Dilemma. *„Niemand von uns hatte etwas gegen Reina,“* beteuerte Luciano später, *„aber es musste getan werden, sonst wären wir erledigt gewesen.“*

Krieg im Schatten

Maranzano und Masseria jagten ihre Killer auf die Straßen. Sie herrschten jeweils über mehrere hundert Bewaffnete. In der Folgezeit kam es zu mindestens fünfzig Morden auf offener Straße, die man diesem Konflikt zuordnete. 1930 gab es in New York 421 Morde, eine 18%ige Steigerung gegenüber dem Vorjahr. Wie Meyer Lansky geahnt hatte, wandte sich die Waagschale im Kampf langsam zugunsten Maranzanos. Morelli, der Chefstratege Masserias und Joe Pinzola, der von Masseria eingesetzte Nachfolger in der Reina-Familie, waren die nächsten, die von Killern aus dem Luciano-Kreis ermordet wurden. Wie erwartet dachte Masseria, der Luciano immer noch auf seiner Seite wähnte, sie seien Maranzanos Opfer, der wiederum in seiner Überheblichkeit ganz offen mit der Täterschaft prahlte. Maranzanos Killer, unter denen sich auch ein gewisser Joe Vallachi befand, der später noch umfassende Informationen über das organisierte Verbrechen an die Öffentlichkeit bringen würde *(die Vallachi-Papiere),* scheiterten am Versuch, Masseria zu töten. Einmal mehr wurde Masseria seinem Mythos der Unverwundbarkeit gerecht. In der nächsten Phase des Krieges tauchten alle Beteiligten unter und schossen wahllos auf alles, was sie der gegnerischen Seite zuordneten. War die Sache bis jetzt reichlich kompliziert, so wurde sie nun zunehmend konfus.

Joe Masserias Glück und Ende

Als Masserias Stern zu sinken begann, wollte Luciano die Entscheidung herbeizuführen. Seine Gruppe hatte durch ihre verdeckten Attentate den Konflikt ausgelöst und laufend geschürt. Nun sollte die Phase kommen, wo Lucianos jüdische Verbündete auch operativ tätig wurden. Man arrangierte ein Treffen mit Maranzano. Luciano hatte Tommy Lucchese, Joe Adonis und auch „Bugsy" Siegel mitgenommen. *„...ich wollte einen Juden dabeihaben, damit Maranzano gleich sieht, dass dieser nur-Sizilianer-Scheiß mit mir nicht zu machen war...".* Luciano teilte Maranzano nur lakonisch mit, dass alles bereits arrangiert sei, und Maranzano wusste Bescheid, das Schicksal seines Erzrivalen war besiegelt.

Am 15.4.1931 suchte Luciano ein persönliches Treffen mit Masseria. Der sonst so unendlich misstrauische Masseria, kam alleine. Er dachte tatsächlich, er hätte Luciano so unter Kontrolle, dass er keine Bedenken haben müsse. Luciano unterbreitete ihm Pläne zur Beseitigung Maranzanos engster Vertrauter. Der bereits verzagte Masseria sah ein Licht am Ende des Tunnels und begann verzückt herumzutanzen. *„Das einzige Mal, dass ich ähnliches sah,"* erzählte Luciano später, *„war in der Wochenschau, als sie Hitler nach seinem Sieg über Frankreich zeigten. Es erinnerte mich an Masseria – zwei Irre auf der Suche nach Verstand."*

Danach lud Luciano den Boss zum Abendessen ein. Das Restaurant in Coney Island gehörte einem seiner Freunde. Zur Feier des Tages orderte Luciano ein Gelage. *„Ich konnte sehen, wie ihm Speichel am Kinn runterlief, weil ich genug Essen bestellt hatte, um ein Pferd zu stopfen..."* Es war bereits spät, als Masseria ahnungslos seine Henkersmahlzeit verschlungen hatte, die letzten Gäste hatten das Lokal verlassen. Luciano schlug noch ein Kartenspiel vor und ging aufs Klo. Das war der Moment, als das Killerkommando das Lokal betrat und Masseria aus nächster Nähe mit Kugeln durchsiebte. Die Exekutoren waren Joe Adonis, Vito Genovese, Albert Anastasia, Ciro Terranova und schließlich Benjamin „Bugsy" Siegel. Als Luciano zurückkam sah er den toten Masseria neben seinem Stuhl liegen, eine Spielkarte noch in seiner Hand. Die Zeitungen schrieben, Luciano hätte sich am Klo gerade die Hände getrocknet als es geschah. Gegenüber der Polizei sagte er: *„Das ist nicht wahr, ich war gerade beim Pinkeln...“* und nach einer kurzen Pause: *„Ich pinkle immer sehr lange und ausgiebig...“*. Masseria wurde mit allem traditionellen Pomp und Aufwand beerdigt, wie es einem großen Boss zustand.

Der letzte Akt

Noch ehe die letzten Blumen auf Masserias Grab verblüht waren, lud der triumphierende „Little Cäsar“ Maranzano zu einem Bankett für die wichtigsten Gangster New Yorks ein. Dort verkündete er die neue Struktur der New Yorker Unterwelt. Die fünf Familien blieben als Gruppen erhalten. Für die, die ihre Bosse verloren hatten, ernannte Maranzano Nachfolger. Luciano sollte den Masseria-Clan übernehmen, sein Stellvertreter sollte Vito Genovese sein. Die Juden Meyer Lansky und Bugsy Siegel fand der traditionelle Maranzano keiner Erwähnung wert, sie waren nicht eingeladen.

Der Kardinalfehler in Maranzanos Konzept war jedoch sein kompromissloser Anspruch auf den Titel „Capo die tutti Capi“ (Boss aller Bosse). Demnach sollten ihn alle Familien an ihren

Geschäften beteiligen. Das bedeutete Unterwerfung für die anderen und stieß viele vor den Kopf. Um seinem Anspruch Nachdruck zu verleihen, ließ Maranzano ein Flugzeug chartern, das während des Treffens ständig um das Haus herumflog. Das Brummen der Motoren war für alle hörbar. Maranzano behauptete, es hätte Waffen und Bomben an Bord und würde auf seinen Befehl hin angreifen. Das Blutvergießen im Castellamare-Krieg war vergebens gewesen, es hatte sich nur der Name des Bosses geändert, der die anderen beherrschen wollte, so das Fazit der Betroffenen. Nun begannen auch viele Vertraute aus dem Maranzano-Kreis mit Lucianos „jüdischer Bande" heimlich zu konspirieren, so wie es vorher bereits einige von Masserias Capos getan hatten.

„Ich sagte ihnen," meinte Luciano später, *„dass der Alte nur ein Haufen Pferdescheiße war, der noch immer mit diesem Capo-di-tutti-Capi-Schwachsinn lebte, den er aus Sizilien mitgebracht hat und den er nun mit Julius Cäsar verheiraten will."*

Doch Maranzano war schlau genug, um zu wissen, dass Lucianos *„Young Turks"*, wie die Traditionalisten die kommende

Generation nannten, eine Bedrohung für sein Machtgefüge darstellten. Er erkannte, dass die Luciano-Gruppe nicht in seine archaische Subkultur nach sizilianischer Fasson einzubetten war. Noch dazu zog es Maranzano vor, in wichtigen Dingen sizilianisch zu sprechen, was einige der Jüngeren, die den amerikanischen Straßenslang sprachen, kaum noch verstanden.

Maranzano beauftragte den irischen Killer Vincent *„Mad Dog“* Coll, den Erzfeind des jüdischen *Bierbarons der Bronx*, Dutch Schultz, mit der vorbeugenden Liquidierung Lucianos und seiner Leute. Dazu wollte er ein Treffen mit Luciano in seinem Domizil einberufen. Beim Beginn des Treffens sollte Coll mit seinen Leuten überraschend eintreten und seinen Job erledigen.

Gleichzeitig bastelten Luciano und Lansky an einem Plan, Maranzano zuvorzukommen. Tommy Lucchese hatte ihnen aus Maranzanos engstem Kreis eine Information von höchstem Interesse zugetragen. Polizei und Justiz des Landes waren dazu übergegangen, die Bosse wegen Steuerdelikten vor Gericht zu bringen. Bewaffnete Beamte der amerikanischen Steuerbehörde RSB drangen immer öfter unangemeldet in deren Domizile ein und beschlagnahmten Unterlagen. Maranzano befahl, die

Leibwächter in seinem Büro dürfen keine Waffen tragen, um keinen Vorwand für Verhaftungen zu liefern. Luciano und Lansky legten sich eine raffinierte Strategie zurecht. Ihre Killer sollten als Steuerbeamte verkleidet in Maranzanos Büro eindringen. Dazu musste man aber Leute nehmen, die Maranzano nicht persönlich kannte. „Bugsy" Siegel schied also diesmal aus.

Rat wusste Louis „Lepke" Buchalter, der neben seinen Prohibitionsgeschäften inzwischen auch die Gewerkschaften kontrollierte. Für seine Alltagsgeschäfte hatte er sich einige jüdische Killer aus Brownsville und der Bronx angeheuert, die für ihre Zuverlässigkeit bekannt waren. Sie bildeten die Vorläufer der späteren, berüchtigten *Murder Inc.* Einer von ihnen war Samuel „Red" Levine (geb. 1898), der ein gewisses Kuriosum darstellte, weil er strenggläubig-orthodox war. Mit seinen leuchtend roten Haaren und seinen Sommersprossen wirkte er eher wie ein amerikanischer Farmerjunge, als ein orthodoxer Jude. Er vermied es auch, am Sabbat zu morden und trug unter seinem Hut die flache jüdische Mütze. Nachdem auch Dutch Schultz – ein im vergangenen Krieg eher unbeteiligter – auf Maranzanos Mordliste stand, wurde sein Leibwächter Abe „Bo" Weinberg (geb. 1897) in das aus vier Mann bestehende Kommando aufgenommen. Lansky mietete ein Haus, in dem die vier Killer einen Kurs in Sachen „charakteristisches Auftreten von Steuerfahndern“ erhielten, um den Bluff perfekt zu machen.

Fatalerweise bestimmte Maranzano den Tag seines Todes, den 10.09.1931 selbst, indem er Luciano zu dem von ihm initiierten tödlichen Treffen einlud. Statt Luciano traten jedoch die vermeintlichen Steuerfahnder förmlich in Maranzanos Büro ein. Man hörte Schreie und Schüsse. Danach stürmten die vier Killer aus dem Haus, gefolgt von Maranzanos waffenloser Garde, die auch kein Interesse hatte, vor der Polizei Fragen zu beantworten. Auf der Treppe zum Eingang trafen sie auf Coll mit seinen Leuten, der auftragsgemäß erschienen war, um Luciano zu liquidieren. Er rief ihnen jedoch nur zu: *„Haut ab, die Bullen kommen!“* und verschwand ebenso schnell wieder. Maranzanos pompöses Begräbnis eines traditionellen Mafia-Bosses sollte lange Zeit das letzte dieser Art sein. Mit Maranzano wurde auch die klassische sizilianische Verbrechenskultur zu Grabe getragen, sie wurde durch den amerikanisierten und nachhaltig von jüdischen Bossen beeinflussten Stil der Folgegeneration abgelöst.

Kapitel V

DAS SYNDIKAT

Die Prohibition und somit das Geschäft mit dem illegalen Alkohol standen vor dem Aus. Die zu Millionären gewordenen Bosse mussten sich nach anderen lukrativen Geschäftszweigen umsehen. Das ganze Land war in einer Krise. Die ungeheuren Produktionsmengen an Luxusgütern fanden in den USA zu wenig Absatz. Nur ein geringer Teil der Bevölkerung konnte sich diese Produkte leisten. Das hatte im Oktober 1929 zum Börsenkrach an der Wallstreet geführt und brachte noch mehr Bürger an den Rand des Ruins. Gerade in solchen Phasen blieben Glücksspiel und illegaler Alkohol dennoch florierende Branchen.

Die Anfänge der Commission

Es sollte noch dauern, bis das durch Maranzanos Abgang in der New Yorker Unterwelt entstandene Machtvakuum ausgefüllt wurde. Traditionelle sizilianische Bosse wie Bonnano oder Profaci warteten auf ein Signal Lucianos, dem eigentlichen Sieger des Castellamare-Krieges, doch vorerst kam nichts. Luciano und Lansky hatten zwar schon in den 20er Jahren die Idee eines überregionalen Syndikates kreiert, doch sie wollten im Prinzip nur ungestört ihren Geschäften nachgehen. Die Kontakte, die sie mit den führenden Köpfen der Ostküste knüpften, waren eher unverbindlich. Letztendlich verlangte die Situation eine neue Organisationsform. Luciano, seine neu gewonnene Autorität einsetzend, berief Konferenzen ein und schuf die *Commission*, die in der Öffentlichkeit später auch als *das Syndikat* bekannt wurde. Für die traditionellen italienischen Bosse war das gewöhnungsbedürftig, weil die Commission keinen Oberboss vorsah und ihre Entscheidung nur dann definitiv war, wenn ihre Beschlüsse einstimmig gefasst wurden. Eine weitere Neuerung war der Umstand, dass es in diesem Gremium keine ethnischen

Barrieren mehr geben sollte, Juden waren genauso vertreten wie Italiener. Es wurden nominelle und assoziierte Mitglieder ernannt. Im Prinzip glich es dem Vorstand eines Großkonzerns. Es war die Ablöse des traditionellen, sizilianischen Stils durch einen modernen, amerikanischen. Viele bezeichneten die Anfangszeit der Commission als „Goldene Ära" der Unterwelt, denn diese Einrichtung war für die heterogene Struktur der Unterwelt wie maßgeschneidert.

Das neue Gebilde war anfangs noch ein Konstrukt ohne Namen und somit für die Traditionalisten unter den italienischen Bossen nur schwer in ihre Vorstellungswelt einzuordnen. *„Gib ihnen etwas, woran sie glauben können."*, meinte der so sizilianisch denkende Jude Lansky zu Luciano, *„Was wäre eine Firma, ein Konzern ohne Namen. Ein Typ kommt auch nicht in den Verkaufsraum und sagt, er nehme den Wagen dort drüben, den namenlosen."* Lansky nahm hier vorweg, was erst später als „Marketing" in die Sprache der Manager Einzug halten sollte. So kam es zur unverfänglichen *„Commission"*, einem Begriff aus der Behördenwelt, aus dem die Öffentlichkeit dann das *„Syndikat"* kreierte.

Luciano erhielt den Vorsitz und war – ohne diesen Titel selbst zu beanspruchen – somit eine Art „Boss aller Bosse". Dennoch war es kein Generalstab mit absoluter Befehlsgewalt über die Familien und Gangs. Die einzelnen Familien und Gruppen konnten im abgesteckten Rahmen ihren Geschäften nachgehen und ihre Territorien kontrollieren. In seinen Grundzügen glich das Syndikat eher einem Obersten Gerichtshof oder einem Parlament der Unterwelt. Fielen Entscheidungen jedoch einstimmig (worauf man sich nach langen Diskussionen oft einigte), so hatte niemand mehr die Macht, dagegen aufzutreten. Es entsprach auch den Bestrebungen Lanskys, Unterwelt-interne Konflikte zu regeln. Die Straßenschlachten im Castellamare-Krieg hatten die Öffentlichkeit erregt und die Behörden in Zugzwang gebracht, und das war geschäftsschädigend. Die Commission gewährleistete die Autonomie der einzelnen Familien und mischte sich nur ein, wenn es untereinander zu Differenzen kam. Und selbst dann gelang es oft, Streitereien am Verhandlungstisch zu lösen.

Es gibt unzählige verschiedene Versionen, wer anfangs der Commission angehörte und wer das sagen hatte. Unbezweifelt ist nur die Vormachtsstellung Lucianos, die auch auf den

Einfluss seines engen Freundes Meyer Lansky schließen lässt, der sich aber getreu seiner Devise gerne im Hintergrund hielt. Neben den Bossen der fünf italienischen New Yorker Familien waren nun aber auch die bedeutendsten jüdischen Gangster in die oberste Hierarchie aufgestiegen. Neben Lansky waren da noch Louis „Lepke“ Buchalter, Benjamin „Bugsy“ Siegel, und als assoziiertes Mitglied Arthur „Dutch Schultz“ Flegenheimer. Regelmäßig miteinbezogen wurden auch Moe Dalitz aus Cleveland, Abner „Longy“ Zwillman aus New Jersey, Jake „Greasy Thumb“ Guzik aus Chicago und andere Provinzgrößen. Viele Quellen sprechen später von den großen Sechs oder Sieben, die die Commission dominierten, doch zahlenmäßig dürften es mehr Personen gewesen sein. Neben seinen jüdischen Freunden hatte Luciano auch noch den eitlen Joe Adonis aus Brooklyn, Frank Costello und Vito Genovese mitgebracht.

Um die Entscheidungen der Commission auch gegen Widerstand gewaltsam durchzusetzen bedurfte es einer Exekutive, eines verlängerten Armes. Da brachte sich Louis „Lepke“ Buchalter ins Spiel. Für seine Geschäfte in den Gewerkschafts-Racketeers hatte er eine hochspezialisierte Killertruppe gegründet, die vorwiegend aus Juden bestand und bereits beim Attentat auf Maranzano zum Einsatz gekommen war. Er stellte sie dem Syndikat zur Verfügung. Damit erreichte er eine Anhebung seines eigenen Status in der Gruppe, sanktionierte seine morbide Privatarmee als offizielle Exekutive der Unterwelt und vermied somit auch Konflikte mit den sizilianischen Interessen. Um auch hier eine ethnische Durchmischung zu gewährleisten, wurde der Luciano-Gefolgsmann und gefürchtete sizilianische Killer Alberto Anastasia kooptiert. Somit sollten Louis *„Judge"* Lepke und Alberto *„Lord High Executioneer"* Anastasia über Leben und Tod befinden. Die Truppe über die sie verfügten, sollte unter dem Namen *Murder.Inc*. noch düstere Bedeutung erlangen.

The „Mogul of the Mob"

Lansky konzentrierte sich lieber auf die Geschäfte, statt auf Rivalitäten. Er war einer der ersten, die das Weißwaschen von illegal erworbenem Vermögen in legalen Betrieben praktizierte. Wer auf seinen Rat hörte, profitierte meist davon, das wussten auch die Sizilianer. Lansky hatte eine charakteristische Schwäche der Unterwelt treffsicher erkannt. Die dominanten Individuen besaßen im allgemeinen einen egozentrischen Charakter, der sie selten davon zurückhielt, wenn es um ihren Profit ging, auch ihre Partner zu betrügen. Lansky besaß die seltene Gabe der persönlichen Integrität inmitten einer Atmosphäre des gegenseitigen Misstrauens, ein stabiler Faktor in einer Welt des Argwohns. Das gab seiner Meinung innerhalb der Commission Gewicht, da sich die Sizilianer vor allem gegenseitig misstrauten. Nach dem Ende der Prohibition 1933, als die Bosse nach anderen einträglichen Geschäftszweigen suchten, zog es Lansky zurück in seine alte Domäne, dem illegalen Glücksspiel. Seine Casinos wurden vorbildlich geführt. Er bezahlte seine Leute höher als die anderen und erntete damit ein hohes Maß an Loyalität und die in der Unterwelt so wichtige Diskretion. Seine Kasinos versteuerten korrekt und gaben den Behörden keinen Vorwand zum Eingreifen. Eine weitere bedeutsame Devise erinnerte mehr an seriöses Management, als an Unterweltgepflogenheiten: Betrüge nicht den Kunden. Lansky wusste, dass Kunden die betrogen wurden, oder dies auch nur befürchteten, nicht mehr kamen. Dass der Veranstalter beim Glückspiel fast immer auf Kosten des Kunden profitierte, dazu genügte schon die Wahrscheinlichkeitsrechnung.

Seine Methoden und Attribute brachten ihm den Respekt der anderen Bosse ein. Sichtbares Symbol seiner Anerkennung in der Welt der italienischen Familien war sein sizilianischer Leibwächter, ein über 2 Meter grosser Hüne, der ihm treu ergeben war und für seinen Herrn und Meister bereit war, alles in Stücke zu reißen.

Er dehnte seine Fühler aus und erschloss in Kooperation mit anderen neue Gebiete. New York war ein unberechenbares Pflaster geworden. Nicht wegen seines großen jüdischen Rivalen in der Prohibition, Gordon „Waxey" Wexler. Den hatte er auf ebenso heimtückische wie elegante Art kaltgestellt. Er lieferte den Behörden einen entscheidenden Hinweis über Wexlers illegale Aktivitäten, wobei sein Bruder Jake als Strohmann fungierte. Im Gefängnis verlor Wexler die Macht über sein Imperium und war somit kein Problem mehr. Sein letzter Versuch, aus dem Gefängnis heraus Rache zu nehmen, war ein Arrangement mit den einschlägig bekannten Fabbrazzo-Brüdern, die eine Bombe in das Domizil von Lanksy und Siegel warfen. Der Anschlag schlug fehl, und letztendlich wurden die Attentäter Opfer von „Bugsy" Siegels Gründlichkeit und Entschlossenheit. Siegel ließ sich wegen eines vermeintlichen Leidens in ein Privatspital einliefern.

Gegen Abend bat er die Krankenschwester, sein Einzelzimmer abzuschließen, damit er ungestört schlafen könne. Nachts verließ er das ebenerdige Zimmer durch das Fenster und tötete die Fabbrazzos. Als das Spitalspersonal am nächsten Morgen Siegels Zimmer aufsperrte, fanden sie den „Patienten“ vor, wie er sich gerade den Schlaf aus den Augen rieb. So etwas nennt man ein ziemlich dichtes Alibi.

Es waren die Aktivitäten der immer unangenehmer werdenden Justiz, die New York zu einem riskanten Pflaster machten. Lansky investierte nun vermehrt in Florida. Seine sogenannten „Teppichschuppen“ wurden zum Synonym für die heute verbreitete mondäne Kultur der Spielcasinos, die früher meist noch schmierig und billig ausgestattet waren. Er hatte erkannt, das sich die föderalistische, amerikanische Staatenstruktur in den Behördenapparaten widerspiegelte und sich diesen Umstand zunutze gemacht. Wenn man mit den lokalen Behörden Probleme hatte – etwa einem New Yorker Staatsanwalt – dann konnte man immer noch in einen anderen Bundesstaat ausweichen, denn dessen Befugnisse reichten nicht über die Grenzen New Yorks hinaus. Völlig wirkungslos war diese Strategie allerdings gegen die *Federals* oder *Feds*, die Bundesbehörden wie etwa das FBI, die nicht diesen Einschränkungen unterlagen. Daher war es immer Lanskys Devise: *„Hände weg von Bundesvergehen"*.

Der Fall Schultz

Die Persönlichkeit, die am wenigsten in die homogene Struktur der neuen Commission passte, war Dutch Schultz. Der „Bierbaron der Bronx" hatte ein bedeutendes Imperium aufgebaut. Die wichtigen Mitglieder seiner Gang waren Abe Bo Weinberg, sein Leutnant und der bekannte Zahlenmagier **Jakow Biedermann** alias **Otto „Abbadabba" Berman** (geb. 1885), auch bekannt als „human Comptometer" wegen seiner Rechenkünste. Schultz war geizig bis in die Knochen.

„Während wir uns alle mit guten Anzügen wie Geschäftsleute kleideten, sah er trotz seines Reichtums immer aus wie ein Schwein," meinte Luciano einmal.
Schultz sah die Sache ganz anders: *„Nur Schwule tragen Seidenhemden. Ich habe mir nie eins gekauft. Ein Mann ist ein Schwachkopf, wenn er 15 oder 20 Bucks für ein Hemd ausgibt.*

Man bekommt auch ein gutes für 2 Dollar.“
Luciano höhnte weiter: *„..er jammerte schon, wenn er 2 Cents für eine Zeitung ausgab. Aber das tat er immer, damit er lesen konnte, was sie über ihn schrieben...“*

Tatsächlich hatte Schultz in seinem notorischen Geltungsdrang ein brennendes Interesse an seinem Medienecho, was ihn von den meisten anderen jüdischen Gangstern unterschied. Als ein Journalist der New York Times schrieb, Dutch Schultz sei ein *„pushover for a blonde“* (gemeint ist ein Mann, der so ziemlich alles tut, um eine blonde Frau zu bekommen), ereiferte er sich: *„Was für eine Ausdrucksweise! Und das in der New York Times...“*

Bei der arbeitenden Bevölkerung war Schultz durchaus beliebt, weil er sein Bier preisgünstig ausschenkte. Doch „preisgünstig“ entlohnte er auch seine eigenen Leute. Er wurde von ihnen eher gefürchtet als geliebt. Kaum einer wagte, mehr zu fordern, sein Jähzorn war gefürchtet. Nur „Abbadabba“ Berman konnte Forderungen stellen, denn seine legendären Rechenkünste garantierten Schultz erst die großen Profite. Er hatte für Schultz eine ähnliche Bedeutung wie ein Jake Guzik für Al Capone. Schultz hatte in seiner soziopathischen, unberechenbaren Persönlichkeit auch einiges gemeinsam mit Benjamin „Bugsy“ Siegel. Während aber Siegel unter dem Einfluss seines besonnenen Freundes Meyer Lansky stand, war Dutch Schultz sein eigener Boss, für ihn galten nur die Regeln, die er selbst erstellte.

Eine Episode schildert die Wesensart von Dutch Schultz besonders illustrativ. Bei einer Sitzung der Commission wurde um eine Entscheidung gerungen. Schultz saß etwas abseits von den anderen, er litt unter einer ansteckenden Grippe. Der eitle Joe Adonis (der in Wahrheit Joseph Doto hieß) hatte gegen einen Beschluss sein Veto eingelegt, schritt zum Spiegel, kämmte affektiert sein Haar und meinte schließlich: „*Na schön, der Superstar ist einverstanden.*“ Da stürmte Schultz wie ein Pfeil quer durch den Raum, nahm Adonis in den Schwitzkasten und hauchte ihm ins Gesicht: „ *Na, fucking Superstar, da hast du meine „goims*“ (Anm.: engl. *germs* f. Keime). Die Anwesenden lachten, doch die Attacke war erfolgreich und Adonis musste die nächsten 14 Tage das Bett hüten. Beleidigt rief er Luciano an und meinte, Schultz sollte ihm besser eine Zeitlang aus dem

Weg gehen.

Wenn auch ein ungeliebtes *Enfant terrible*, konnte die Commission Schultz nicht ignorieren. Zu bedeutend war sein Imperium, das inzwischen über die Bronx im nördlichen New York bis nach Harlem reichte, wo Schultz mit entsprechender Brutalität die schwarzen Buchmacher unter seine Kontrolle gebracht hatte. Zu seinen Gegnern zählte auch der ehemalige Leibwächter Arnold Rothsteins, Jack „Legs" Diamond, der Überlebenskünstler, der als *Tontaube der Unterwelt* in die Geschichte einging. Einmal mehr seinem Ruf gerecht werdend, überlebte „Legs" einen Anschlag durch Schultz-Leute mit fünf Kugeln im Leib. Erst im Jahr darauf gelang es Schultz, „Legs" endgültig zu liquidieren. Aber nur, weil die Killer „Legs" mitten im Schlaf drei Kugeln in den Kopf jagten. Sein früherer „Unteroffizier" und nunmehriger Hauptrivale war jedoch der wahnwitzige Vincent „Mad Dog" Coll, einer der letzten namhaften Abkömmlinge irischen Gangstertums in New York. Bei einem Schusswechsel mit Joey Rao, einem Schultz-Vertrauten, hatte er irrtümlich einen fünfjährigen Jungen erschossen und Passanten verletzt, sein Kriegsname schien begründet. Coll's Ende kam in einer Telefonzelle, die plötzlich von einigen Herren in Anzügen umringt war. Coll erkannte einige von ihnen als Leute von Dutch Schultz. Es war seine letzte Wahrnehmung. *„Einer weniger, von denen, die ihre Finger auf meiner Brieftasche haben,“* kommentierte Schultz den Tod seines Erzrivalen.

Das Establishment schlägt zurück

Die wilde Ungezähmtheit des Dutch Schultz wurde jedoch nach und nach zu einem Problem der gesamten Unterwelt. Während sich andere gegenüber den Behörden vorsichtig verhielten, führte Schultz sogar einen Schusswechsel mit allzu aufdringlichen FBI-Agenten. Er stand mehrmals vor Gericht und musste mangels Beweisen immer wieder freigelassen werden. Doch die, für die Verfechter der Legalität in Politik und Justiz, schon unverschämt provozierende Dominanz der Unterwelt im Lande, brachte einen Mann aus ihren Reihen hervor, der neben seiner Untadeligkeit auch einige Eigenschaften seiner kriminellen Gegner besaß: Kompromisslosigkeit und Ehrgeiz. Er hieß Thomas E. Dewey, Staatsanwalt, und sollte zur größten Bedrohung für das Syndikat werden. Noch wusste man bei den Behörden recht wenig darüber, wer die Unterwelt dominierte, wer die großen Bosse waren. Dass es ein Syndikat gab, war nur aus diffusen Gerüchten bekannt. Also suchte sich Dewey ein offenkundiges Ziel und da bot sich der popularitätssüchtige Schultz, über den die Zeitungen so viel berichteten, regelrecht an. Bei einer Gerichtsverhandlung wegen Steuerhinterziehung, zu der sich Schultz freiwillig gestellt hatte, wurde er gegen geringe Strafe freigelassen, mit der Auflage, den Bundesstaat New York zu verlassen. Der neugewählte New Yorker Bürgermeister La Guardia, ebenso wie Dewey ein erbitterter Gegner der Kriminalität, bedauerte dieses milde Urteil. *„Sagt La Guardia, morgen bin ich wieder da!“*, konterte Schultz über die Presse.

Auf die Frage eines Journalisten, was er dazu meine, dass er als *„Public Enemy Nr. 1“* bezeichnet werde, antwortete er reumütig: *„Ich habe nie etwas getan, was diesen Ruf verdient hätte. Ich habe nur gutes Bier verkauft, für die Leute, die es wollten. Und viele wollten es. Ich möchte die Chance haben, mich niederzulassen und wie ein gewöhnlicher Bürger zu leben. Ich möchte wieder Arthur Flegenheimer sein und nicht mehr Dutch Schultz, damit hatte ich zu viele Probleme.“*

CTIVE DIVISION
ULAR NO. 1
ARY 15, 1934

POLICE DEPARTMENT
CITY OF NEW YORK

CLASSIFICATION

WANTED FOR VIOLATION OF

Federal Income Tax Law

PLEASE CLASSIFY AND FILE WITH YOUR FINGERPRINT RECORDS

RIGHT HAND

LEFT HAND

ARTHUR FLEGENHEIMER
ALIASES DUTCH SCHULTZ, ARTHUR SCHULTZ, GEORGE SCHULTZ, JOSEPH HARMON AND CHARLES HARMON

DESCRIPTION—Age 31 years; height 5 feet, 7 inches; weight 165 pounds; medium build; brown hair; gray eyes; fair complexion. B-50149.

Wanted by the Internal Revenue Service, United States Government, New York City. They hold warrant for indictment of the above charge.

Kindly search your Prison Records as this man may be serving a sentence for some minor offense.

If located, arrest and hold as a fugitive from justice, and advise Detective Division, by wire.

JOHN F. O'RYAN.
Police Commissioner

TELEPHONE SPring 7-3100

Seine Abwesenheit aus New York hinderte ihn aber an der Machtausübung in seinem Territorium. Und nun kam auch noch ein Haftbefehl des FBI dazu, einer Regierungsstelle, vor der es keine territoriale Flucht gab. Die anderen Bosse in der Commission hatten nun wenig Hemmungen, sich in seine diversen Racketeers einzumischen. Noch nie war ein Gangster dem FBI auf Dauer entkommen und alle waren sich einig, dass die Karriere von Schultz bald zu Ende sei, vor allem Luciano, Lansky, Zwillman, Adonis und Genovese.

„Ich hatte sehr gemischte Gefühle dabei," bekannte Luciano später, *„Meyer* (Lansky) *hatte recht, niemand konnte Schultz's Verhaftung noch verhindern. Ich erklärte Weinberg* (die rechte Hand von Dutch Schultz) *unsere Pläne und sagte ihm, ich fühle mich wie eine Art Grabräuber. Wir wollten sein Imperium aufteilen, noch ehe er im Gefängnis saß und ich war dafür verantwortlich und es war das, was alle wollten. Wenn er wie durch ein Wunder davonkommt, sollte natürlich alles wieder ihm gehören."* Glückspiel und Finanzverwaltung sollten zu gleichen Teilen an Lansky und Costello gehen, Alkohol zu Adonis, die Lokale und Restaurants an Lepke und Lucchese. Die Schultz-Operationen in

New Jersey würden Zwillmann und Moretti gemeinsam tragen. Als Schultz davon erfuhr, traf er sich mit Luciano und Genovese, Luciano schilderte die Begegnung so: „*Dutch war so betroffen, dass wir es so gut mit ihm gemeint haben, dass er Tränen in den Augen hatte. Und dann, verdammt will ich sein, begann er über die katholische Religion zu sprechen, obwohl weder Vito noch ich besonders religiös waren. Er fragte uns, wie es als Katholik sei und wir hatten keine Ahnung, was ein Kerl tun müsse, wenn er vom Judentum zum Christentum konvertieren wollte. Ich fiel fast um, als er erzählte, dass er in seinen depressiven Phasen den Katholizismus studierte. Ich schwöre, von dieser Zeit an befand er sich mehr auf seinen Knien, als auf seinen Füssen. Er meinte, es war Christus, der ihn durch die schweren letzten 1 ½ Jahre gebracht hatte.*“

Die Einkehr schien nur kurz, ein weiterer Haftbefehl Deweys hatte die Situation von Schultz noch verschärft. Seine Leute hatten beobachtet, wie sein Untergebener Bo Weinberg das Haus von Abner Zwillman betrat. Schultz witterte Verrat und befürchtete, Weinberg wolle sein kriminelles Reich übernehmen.

Eines Tages stürmte er empört in eine Sitzung der Commission und beschwerte sich massiv wegen der Einmischung der Syndikatsbosse. Er hielt seinen Leutnant Abe „Bo“ Weinberg für einen Verräter, der mit den anderen hinter seinem Rücken paktierte, und lag damit wahrscheinlich gar nicht so falsch. Tatsächlich verschwand Weinberg bald darauf spurlos. Gerüchten zufolge soll er mit dem klassischen Zementsockel um den Beinen in den Hudson River gesprungen sein. Andere Berichte erzählen, Benjamin „Bugsy“ Siegel hätte Weinberg liquidiert. Schultz und Siegel waren sich im Temperament sehr ähnlich, beide waren Typen, die lieber zuerst schossen und nachher fragten. Und Siegel war bekannt dafür, dass er seine Befriedigung nur fand, wenn er selbst tötete, sei es auch ein alter Jugendfreund wie „Bo“ Weinberg.

Die Commission erklärte Schultz, man hätte nur dafür sorgen wollen, dass seine Geschäfte ungestört weiterlaufen, während er sich versteckt hielt. Doch Schultz war inzwischen zu misstrauisch geworden, um das noch zu glauben. Er forderte unverblümt, Staatsanwalt Dewey, der Auslöser allen Übels, müsse liquidiert werden. Das sorgte für Unruhe. Einen Staatsanwalt zu ermorden, das war noch keinem eingefallen. Nur die beiden Killer Alberto Anastasia und Jacob „Gurrah" Shapiro, der Vertrauensmann Lepkes, waren für das Attentat. Es lag in ihrer Natur, dass sie die Brutalität der Diplomatie vorzogen, paradoxerweise schätzten sie Dewey aus ihrer Sicht richtiger ein, als die anderen. Wenn Dewey Schultz kassieren würde, dann würde er danach auch die anderen Bosse gefährden. Sie hatten Dewey bereits beschattet. Er hatte keine starke Bewachung und seine Alltagsroutine wäre für ihre raffinierten Killer fast schon eine Einladung. Doch die stimmberechtigten Mitglieder entschieden einhellig dagegen. Ein Mord an einem Staatsanwalt war ungeheuerlich und würde alle sehr kostspielig aufgebauten Beziehungen zu Polizei, Justiz und Politik massiv stören. Das widersprach den Zielsetzungen des Syndikats. Von dieser Entscheidung informiert, drohte Schultz: *„Wenn ihr es nicht tut, dann tue ich es eben selbst!"* und stürmte aus dem Saal.

Der lange Arm des Syndikates

Damit hatte sich Schultz gegen das Syndikat gewandt. Wenn Schultz Dewey töten würde, gab es Schwierigkeiten für alle. Die Situation verlangte eine rasche Entscheidung. Es war das Todesurteil für Dutch Schultz, und – so paradox es scheint – mit großer Wahrscheinlichkeit auch die Lebensrettung für den strebsamen Staatsanwalt Dewey, dem erklärten Feind des organisierten Verbrechens.

Am 23.10.1935 trafen sich Schultz und sein Buchhalter Otto Berman mit **Bernard „Lulu" Rosenkranz** und **Abe „Misfits" Landau** (geb. 1895), zwei Gangster, die unter seinem Patronat standen, in einem Lokal in Newark, New Jersey zu einer geschäftlichen Besprechung. Zwischendurch ging Schultz auf die Toilette, als zwei Leute das Lokal betraten. Einer von ihnen war **Charles „The Bug" Workman** (geb. 1908), Mitglied in Lepkes Killertruppe, auch bekannt als **"The Powerhouse"** oder auch **"Handsome Charlie."** Der andere war **Emanuel „Mendy" Weiss** (geb. 1906). Der Fahrer ihres Wagens war ein nicht näher bekannter **„Piggy“.** Sie trugen ihre Waffen vorerst versteckt. Um sich den Rücken freizuhalten gingen sie zuerst durch das Lokal und inspizierten die Toiletten, wo sie Schultz fanden, ihn aber für einen Leibwächter hielten. Er wurde von mehreren Kugeln getroffen und brach zusammen. Erst danach gingen sie zurück und erschossen die anderen drei, wobei sie erst hier merkten, dass Schultz der Mann auf der Toilette gewesen war. Mit erstaunlicher Kaltblütigkeit ging Workman zurück und entnahm dem auf dem Boden liegenden blutüberströmten Schultz sogar noch die Brieftasche, eine alte Gewohnheit aus seiner Zeit der Überfälle auf gegnerische Alkoholtransporte in der Prohibition.

Doch kein einziges der Opfer war sofort tot. Berman atmete noch bewusstlos. Landau schleppte sich auf die Straße und schoss herum, ehe er zusammenbrach und Rosenkranz bat sogar noch den Kellner, einen Dime für ein Telefonat zu wechseln. Schultz selbst schleppte sich zur Bar und bat den schockierten Lokalbesitzer, die Ambulanz zu rufen. Dann setzte er sich und fiel mit dem Kopf auf die Tischplatte. Er und die anderen lebten noch einige Zeit, nachdem man sie ins Spital gebracht hatte. Ein Polizist konnte Schultz Fragen stellen, doch die Antworten des

Dutch Schultz, schwer verletzt nach dem Attentat im Palace Chop House, Newark, New Jersey, 1935.

Photo: Corbis

Mannes im Schwebezustand zwischen Leben und Tod gaben keine Aufschlüsse über die Tat. Die berühmten letzten Worte des Dutch Schultz gingen in die Geschichte der Unterwelt ein und wurden Gegenstand hochwissenschaftlicher, literarischer Erörterungen. Einen plausiblen rationalen Zusammenhang konnte man ihnen jedoch nicht entnehmen, geschweige denn einen Hinweis auf die Täter oder deren Auftraggeber. Sein letzter manifestierter Wille entsprach seiner widersprüchlichen Persönlichkeit. Er bat um einen Priester, weil er vor seinem Ableben noch zum Katholizismus übertreten wollte. Er starb mit den Segnungen der römischen Kirche.

Noch am selben Tag erwischte es einige seiner Verbündeten. **Martin „Marty" Krompier**, sein Statthalter in Harlem, sein Bruder **Julius „Jules" Krompier** und **Sammy Gold** wurden angeschossen und überlebten nur knapp.

„Bugsy“ und die „Micky-Maus-Mafia“

Ein weiterer Faktor war Benjamin „Bugsy“ Siegel, der notorische Killer, dessen tödliche Mentalität eher in eine operative Truppe wie Lepkes *Murder Inc.* passen würde. Doch Siegel war zu bedeutend für solche Schmutzarbeit geworden, er saß an einem Tisch mit den großen Bossen. Immer deutlicher wurde sein Verlangen, sein eigenes Imperium aufbauen zu wollen. *„Es kam die Zeit, da wurde Ben immer unruhiger,“* berichtete Doc Stacher, ein alter Freund der Zeit der Bugs-Meyer Gang, *„also bereitete ihm Meyer den Weg nach Kalifornien.“*

Es war die ideale Lösung für Siegel. Kalifornien mit der profitablen cineastischen Traumwelt Hollywood war für das Syndikat damals ein weitgehend unerschlossenes Gebiet. Zwar herrschten in Kalifornien im Umfeld der boomenden Hollywood-Industrie der italienische Boss Jack Dragna und sein jüdischer Gegner **Meyer Harris „Mickey“ Cohen** (geb. 1913). Gemessen an New Yorker Vorstellungen waren ihre Organisationen ineffizient und vergleichsweise harmlos. Es gelang ihnen nie, das gesamte kriminelle Spektrum an der Westküste unter ihre Kontrolle zu bringen. Das brachte ihnen auch die wenig schmeichelhafte Bezeichnung „Micky-Maus-Mafia" ein. Ebenso ineffizient waren Dragnas Attentate auf seinen jüdischen Rivalen. Einmal wurde Cohens Cadillac regelrecht von Kugeln durchsiebt, doch wie durch ein Wunder bekam Cohen keinen Kratzer ab. Dann gab es noch einen sizilianischen Bombenanschlag auf Cohens Wohnhaus. Resultat: Niemand wurde verletzt, nicht einmal Cohens Haushund. Ärgerlich war für Cohen nur, dass seine Garderobe nach der Sprengung aussah, als wäre sie durch den Reißwolf getrieben worden. Ein weiteres Attentat ereignete sich, als Cohen mit seinen Leuten ein Restaurant verließ. Kaum war der Kugelhagel abgeklungen, untersuchte Cohen seinen Wagen auf Kratzspuren. Seine Befürchtungen über die Gefährlichkeit von Dragnas Leuten hielt sich inzwischen sehr in Grenzen.

Gestärkt mit der Autorität seines eigenen furchterregenden Rufes und der Macht des Syndikates im Rücken, dessen Einfluss sich inzwischen weit über New York hinaus erstreckte, erschien Siegel wie ein Triumphator in Hollywood. Die lokalen Unterweltgrößen Dragna und Cohen gaben sich willfährig, sie hatten kaum eine andere Wahl. Siegels exzentrisches Charisma und sein Sunnyboy-Charme machten ihn prädestiniert für die Szene der Filmsternchen in Hollywood. Ein unterschwelliger Hang zur dekadenten Verruchtheit in der Filmbranche machte den New Yorker Gangster zum Objekt der Neugierde und der Begierde. Es war nur eine Frage der Zeit, bis Siegel seine Finger in der Filmindustrie hatte. Ein Journalist fragte Siegel in einem Interview, ob jetzt alle umgebracht würden, weil er hier sei. Der Ruf der New Yorker Gepflogenheiten hatte schließlich auch die Westküste erreicht. Siegel antwortete unbekümmert in Anspielung auf die Praktiken des Syndikates: *„Aber wir bringen uns doch nur gegenseitig um.“*

Charles „Unlucky“ Luciano

Die Prostitution war einer der klassischen Geschäftszweige der Unterwelt, auch wenn die sizilianische Mafia-Tradition den Zuhälter verachtete. Einer, der Frauen für sich arbeiten ließe, der sei kein richtiger Mann, so meinten die Mafiosi. Charles „Lucky“ Luciano, ehemaliges Slumkind aus Little Italy und nun ungekrönter König der Unterwelt, dirigierte aus seiner Suite im

Waldorf Astoria Hotel aus mehrere Branchen, die Zuhälterei gehörte nicht dazu.

Staatsanwalt Dewey hatte durch die vorzeitige Liquidation von Dutch Schultz seine Zielscheibe verloren. Als ihm später berichtet wurde, Schultz sei getötet worden, damit ausgerechnet sein Leben verschont bliebe, reagierte Dewey gelassen. Sein Kampf gegen das organisierte Verbrechen war nicht nur ideell motiviert, er verfolgte ehrgeizig eine politische Karriere, sein öffentlicher Ruf als entschlossener Verbrechensbekämpfer sollte ihm die Basis für seine Präsidentschaftskandidatur schaffen.

Sein nächstes Ziel war der Mann, der alle Fäden zusammenhielt. „Lucky" Luciano, die dominante Gestalt des Syndikates. Die Justiz ahnte zwar nicht, welche zentrale Bedeutung er wirklich hatte, dennoch gehörte er natürlich zu den notorisch bekannten Gestalten. Und er war leichtsinnig geworden. All die Morde im Castellamare-Krieg konnte man ihm nicht nachweisen, das verlieh ihm eine trügerische Sicherheit.

Ausgerechnet der in der Tradition der Sizilianischen Mafia so verpönte Geschäftszweig sollte ihm zum Verhängnis werden: die Zuhälterei. Zwar kassierte er von den Bordellbesitzern

Schutzgelder und lieferte dafür Schutz vor Verfolgung durch die Behörden, doch er hatte keinen direkten geschäftlichen Bezug zur Zuhälterei. Es ließ sich aber nicht vermeiden, dass andere in seinem Namen Schutzgelder kassierten. „*Wir kommen von Luciano*“, war eine Behauptung, die in einschlägigen Kreisen immer Wirkung zeigte, ob zutreffend oder nicht. Luciano hatte zur Prostitution eher allgemeine Überlegungen. Er wollte das Geschäft in seinem typisch pragmatisch-ökonomischen Stil modernisieren und philosophierte über „Hurensupermärkte“. Was Luciano zum Verhängnis wurde, war sein Hang zu den Frauen und es gab genügend Zeugen, die berichteten, wie oft teuer gekleidete Damen seine Suite im Waldorf-Astoria besuchten. Auch Lucianos Statistik der Geschlechtskrankheiten gab eindrucksvolles Zeugnis seines Lebensstils.

Bei der Gerichtsverhandlung fanden sich genügend fragwürdige Zeugen, die einen Zusammenhang zwischen ihm und der Zuhälterei behaupteten. Und einige ungeschickte Aussagen Lucianos taten ihr übriges. Das Urteil lautete auf schuldig wegen Zuhälterei in einer Unzahl von Fällen, was Luciano für tausend Jahre hinter Gitter bringen konnte. „*Den Frauen habe ich immer nur dafür gezahlt,*“ beteuerte Luciano, „*doch nie etwas von ihnen genommen."* Hatte man Al Capone als Steuerhinterzieher aus dem Verkehr gezogen, gelang es mit Luciano als Zuhälter. Der ungekrönte König der Unterwelt übersiedelte daher 1936 aus seiner Hotelsuite in ein weniger komfortables Domizil im Gefängnis von Dannemora an der Grenze zu Kanada. Die Commission funktionierte als zentrales Steuerungsinstrument auch ohne Lucianos Präsenz. Sein Einfluss auf Entscheidungen blieb dennoch erhalten. Öfters fanden sich Gruppen von wohlgekleideten Herren zu Besuch ein, und führten im Büro des Gefängnisdirektors mit ihm vertrauliche Unterredungen.

Als nomineller Vorsitzender des Syndikates fungierte nun Frank Costello, der König der Spielautomaten, argwöhnisch beäugt vom ehrgeizig-brutalen Vito Genovese, ebenso wie Costello ein Mann aus dem engsten Kreis Lucianos. Doch das eigentliche Sprachrohr Lucianos im Syndikat blieb ein Mann, dem er mehr zu vertrauen schien, als seinen italienischen Kumpanen: Meyer Lansky. Wenn man Luciano um Rat fragte, hieß es: *„Ask the „Little Man"*.

Jüdische Gangster und die Nazis

„But they were good to their people", lautet der Titel eines Artikels über die Beziehung jüdischer Gangster zu ihrem eigenen Volk, in Anlehnung an den Buchtitel *„But he was good to his mother"* von R.A. Rockaway, einem der Standardwerke über jüdische Gangster, das auf die traditionell ausgeprägte Mutterbeziehung in der jüdischen Familientradition anspielt. Viele rechtschaffene jüdische Bürger beklagten sich lautstark über die durch eine sensationsgeile Presse populär gewordenen jüdischen Gangster. Sie bezeichneten sie als Schande für das Judentum. Aber es sollte die Stunde kommen, als die friedliebenden, rechtschaffenen, jüdischen Bürger der USA sich nicht ungern daran erinnerten, dass es unter ihrem Volk auch die *„tough Jews"* gab. Sie mochten Gangster und Gauner sein, doch sie hatten gelernt zurückzuschlagen und niemanden zu fürchten.

In den dreißiger Jahren, noch vor dem Eintritt Amerikas in den Zweiten Weltkrieg entstanden auch in den USA rassistische, antisemitische Gruppierungen und Nazi-Organisationen. Sie veranstalten Aufmärsche in Uniform und mit Hakenkreuzfahnen, ganz nach deutschem Vorbild. Gemäß den in Deutschland so wirksamen Methoden des politischen Terrors führten sie ihre militärisch ausgerichteten Demonstrationszüge auch in den jüdischen Vierteln New Yorks und anderswo. Ohne offenkundig gewalttätig zu werden, hielten sie dort provozierende, antisemitische Hetzreden und forderten die Vertreibung der Juden. Eine gesetzliche Handhabe war in einem freien Land wie den USA gegen solche Auftritte kaum zu finden. Es gab eben Probleme für gesetzestreue Bürger, mit denen man sich nicht an die Behörden wenden konnte. Aber da gab es ja noch die geächteten, aber mächtigen Gangster.

Also wandte sich der ehrenwerte, jüdische Richter des Staates New York, Nathan Perlman an keinen geringeren als den *„Mogul des Mob“* persönlich – Meyer Lansky. Perlman bat Lansky um Hilfe gegen die Nazi-Veranstaltungen unter der Bedingung, dass bei Auseinandersetzungen niemand getötet werden dürfe und bot eine beachtliche Summe. Lansky bedauerte die Einschränkung des Nichttötens, er hasste die Nazis, doch er nahm unter einer Bedingung an: Er würde dafür keinerlei Bezahlung akzeptieren.

Tatsächlich hielt Lansky Wort. Seine Schlägertruppen stürmten die Nazi-Veranstaltungen in New York und in anderen Bundesstaaten, wo immer sie stattfanden. Es war typisch für die Präzision seiner Leute, dass kein einziger Rassist dabei sein Leben verlor. Für die umliegenden Krankenhäuser ergaben sich jedoch arbeitsreiche Tage beim Zusammenflicken gebrochener Knochen und Kiefer, denn die Antisemiten bezahlten einen immer höheren Preis für ihre Kühnheit. Nach und nach schienen die *Rallyes* seltener zu werden, bis sie schließlich weitgehend endeten. Das Selbstvertrauen des Herrenmenschentums hatte gewisse Einbußen erlitten, nachdem zahlenmäßig unterlegene, aber unerbittlich entschlossene Schlägertrupps ihre Massenveranstaltungen immer wieder in Chaos und Schmerz enden ließen.

Eine andere spektakuläre Episode wird über Benjamin „Bugsy" Siegel erzählt. Mit einer seiner Mätressen, der italienischen Gräfin diFrasso, reiste er wegen einer geschäftlichen Angelegenheit nach Italien. Auf dem Grundbesitz der Gräfin begegnete er im Rahmen eines Empfanges Göring und Ribbentrop, die gerade auf Staatsbesuch weilten. Siegel war eigentlich ein unpolitischer Mensch, aber aus rein persönlich empfundener Verachtung für die beiden Deutschen, nahm sich der ungebändigte Killer aus der Lower East Side vor, die beiden zu töten. Nur die flehentlichen Bitten der Gräfin konnten ihn letztendlich davon abhalten, derart in den Ablauf der Geschichte einzugreifen.

Edgar J. Hoover, auch eine Art Boss

1929 wurde Hoover zum Chef des FBI (früher BI) ernannt. Hoovers Kindheit und Jugend war von einer strengen Erziehung mütterlicherseits geprägt, in der Schläge und Bestrafungen routinemäßige Methoden waren. Entsprechend diktatorisch führte Hoover auch seine Truppe. Sein Ehrgeiz überstieg seine ursprünglichen Agenden bei weitem, sein Ziel war politische Macht. Es gelang ihm, das FBI zu reformieren. Es hatte die beste kriminaltechnische Ausrüstung, seine Leute besaßen die beste Ausbildung. Im Gegensatz zu den korruptionsanfälligen, lokalen Polizeibehörden galt das FBI als weitgehend unbestechlich. Zumindest gelang es Hoover, diesen Mythos zu schüren. Seine populäre Lichtgestalt, Eliot Ness und seine Agententruppe „*The Untouchables*" führten in Chicago einen konsequenten Kampf gegen die Prohibitionsgangster, allerdings ohne das gesamte Räderwerk wirklich empfindlich stören zu können. Die öffentliche Popularität des FBI ließ Hoover immer mehr Vollmachten zufließen.

In den korruptionsanfälligen Bereichen des Establishments, in Justiz und Politik, war er gefürchtet. *„Besser Hoover sitzt in unserem Zelt und pinkelt nach draußen, als er sitzt draußen und pinkelt herein,“* lautete ein gängiger Spruch im politischen Establishment. Doch Hoovers Verhältnis zum organisierten Verbrechen schien zwiespältig. In der Öffentlichkeit bestritt er die Existenz einer landesweit operierenden Mafia oder eines Syndikates. Er vertrat hartnäckig die These, die organisierte Kriminalität sei eine weitgehend lokale Erscheinung ohne landesweites Organisationsnetz. Die Existenz eines Syndikates, oder einer Mafia wurde von ihm beharrlich negiert.

Warum gerade Hoover, der manifestierte Verbrechensbekämpfer der Nation diese Ansicht gegenüber der Öffentlichkeit vertrat, darüber gibt es noch heute die wildesten Gerüchte. Eines besagt, dass er der Spielleidenschaft frönte und dass er von Frank Costello regelmäßig Zuwendungen in Form von Chips erhielt. Andere Gerüchte beziehen sich auf seine vermeintlich notorische Homosexualität. Eine der zähesten Legenden besagt, dass ein Foto von Hoover existiere, das den bärbeißigen FBI-Boss in bizarrer Damenunterwäsche zeigt. Dieses Foto soll im Besitz namhafter Unterweltbosse gewesen sein und in diesem Zusammenhang wird immer wieder Meyer Lansky genannt. Ein anderer Grund mag darin gelegen sein, dass die USA ab 1940 ihr Augenmerk auf die Unterwanderung durch faschistische und kommunistische Organisationen lenkte. Das FBI wurde auf diesen Bereich angesetzt. Vor der Gründung der CIA hatte das FBI auch eine Art staatliches Geheimdienstmonopol. War die Unterwelt noch ein – wenn auch ungeliebtes – Kind der eigenen kulturellen Entwicklung der USA, so erschien die exotische, unberechenbare Bedrohung durch den Kommunismus viel eher gesellschaftszersetzend und gefährlich. Hoover eröffnete die Kommunistenjagd noch ehe sein Freund McCarthy in den 50ern die Öffentlichkeit mobilisierte. Die organisierte Kriminalität blieb dagegen ein sekundäres Betätigungsfeld.

Kapitel VI

MURDER INC.

Zurück in den Ghettos

Für Prohibitionsmillionäre wie Lansky oder Costello waren die Straßenkämpfe in der Lower East Side nur noch Nostalgie. Sie residierten in den feinsten New Yorker Hotels, zogen ihre Fäden und dirigierten ihre Heerscharen von Handlangern und Strohmännern. Ihrem ursprünglichen Antrieb, dem sozialen Elend zu entrinnen, hatten sie längst entsprochen. Andere füllten das Vakuum, das sie dort zurückgelassen hatten. In Brooklyn befehdeten sich die Lokalgrößen in ihrem Kampf um Reviere und Einfluss. In den jüdischen Vierteln Brownsville und Williamsburg thronten die drei **Shapiro-Brüder Irving „Irv“** (geb. 1904),

Meyer (geb.1908) **und Willie Shapiro** (geb. 1910) (nicht verwandt mir „Gurrah" Shapiro, dem Freund Lepkes), eifrig befehdet von **Abe „Kid Twist" Reles** (geb. 1907), dessen Eltern aus der Österreichisch-Ungarischen Monarchie stammten und **Martin „Buggsy" Goldstein** (geb. 1906) (Nicht zu verwechseln mit Benjamin „Bugsy" Siegel).

Jahrelang dauerte der zähe Kleinkrieg, der von Reles und Goldstein vorzugsweise mit Heimtücke und Hinterhalt geführt wurde. Nach wechselhaftem Kriegsglück begann das Imperium der Shapiro-Brothers zu wanken. Einer nach dem anderen vollzog den branchentypischen Abgang aus dieser Welt und der letzte der Shapiros verbrannte schließlich bei lebendigem Leibe. Um Abe Reles scharten sich neben Goldstein noch **Harry „Pep" Strauss** alias **„Pittsburgh Phil"** (geb. 1909), der die Stadt Pittsburgh nie besucht hatte, der Schultz-Killer **Charles „Bug" Workman,** Harry „Happy" Maione, der Mann mit dem bösen Blick, **Allie „Tic Toc" Tannenbaum** (geb. 1908), den man so nannte, weil er monoton wie ein Uhrwerk redete, der Sizilianer Frank „The Dasher" Abbandando, Seymour „Blue Jaw" Magoon, der immer schlecht rasiert war und Vito „Chicken Head" Gurino, der so hieß, weil er Hühner für seine Schießübungen benutzte. Weniger bekannt war ein gewisser **„Oskar The Poet“**, der seinen Namen nach seiner Verhaftung erhielt. Die Polizei hatte ihn erwischt, als er auf einer Parkbank sitzend ein Gedicht las. Alle diese Namen sollten in Zusammenhang mit der berüchtigten Killertruppe *Murder Inc*. gebracht werden.

Der Triumph über die Shapiros brachte Reles, Goldstein und die anderen aus der Brownsville-Truppe in den Blickwinkel eines Mannes, der in anderen Sphären thronte. Louis „Judge Lepke“ Buchalter, Mitglied des Syndikates, Herr über die Gewerkschafts-Racketeers hatte immer schon nach jungen, hoffnungsfrohen Talenten Ausschau gehalten. Im Gegensatz zum Stil von Lansky, sah Lepke Drohung und Mord immer noch als wirksames Mittel zum Durchsetzen von Interessen. **Emanuel „Mendy“ Weiss**, einer aus seiner eigenen Killertruppe, vermittelte ihm den Kontakt zu den aufstrebenden Talenten in Brownsville. Als Reles eine Nachricht von einem gewissen Louis Capone (nicht verwandt mit Al Capone) übermittelt wurde, hatte das eine besondere Bedeutung. Ein Mordauftrag, war keine besonders außergewöhnliche Sache für Reles und Co. Aber jeder wusste, dass Louis Capone der Strohmann für Lepke und Alberto Anastasia war. Und Lepke, das war das Syndikat.

Murder Inc., die Exekutoren

Der erst später in den Medien kreierte Begriff „Murder Inc." stand weniger für eine fest strukturierte Organisation von Auftragskillern, sondern eher für eine heterogene Gruppe und einen neuen Stil des Tötens. Gab es früher bei den Unterweltkriegen häufig grausame, symbolträchtige Morde, um Gegner einzuschüchtern, schien es nun mehr en vogue, möglichst unauffällig zu morden. Manche Opfer wurden einfach gar nicht gefunden oder die Art der Tötung war von niederträchtiger Raffinesse. So wurde etwa der Eispickel zum beliebten Mordwerkzeug. Er wurde dem Opfer so durch das Ohr getrieben, dass der Tod durch Gehirnblutung erfolgte. Außer einer kleinen Verletzung des Trommelfells blieben keine äußerlichen Spuren zurück und nur erfahrene Pathologen konnte die wahre Todesursache herausfinden. **Israel „Ice Pick Willie" Aldermann**, ein Gangster aus Minnesota war der Erfinder dieser Methode, die zahlreiche Nachahmer fand. Eine weitere Unterscheidung zu früheren Morden lag vorwiegend in der

Auswahl der Opfer. Der Durchschnittsbürger war gewöhnlich nicht die Zielscheibe von Unterweltattentaten. Anders als in der frühen Ära der „Schwarzen Hand“, die Gelder von unbeteiligten Bürgern erpresste, blieb der Außenstehende im allgemeinen von den organisierten Gangs unberührt. Wie Benjamin Siegel schon richtig erwähnt hatte *(„Wir bringen uns doch nur gegenseitig um...“)* war, wer zu den Opfern gehörte, im allgemeinen selbst ein Gangster oder jemand, der sich geschäftlich mit den falschen Leuten eingelassen hatte.

Der schöne Louis

Neben den Shapiros regierte in Brooklyn noch eine andere jüdische Brüderschaft, die Ambergs. Ihr markantester Vertreter war **Louis „Pretty“ Amberg** (geb. 1897). Er trat schon als zehnjähriger in die Fußstapfen seines Vaters, eines Obsthändlers. Doch entwickelte er bald seine eigene Verkaufsmethode, indem er so lange gegen die Haustüren trat, bis die Bewohner öffneten. Dann zog er sein Gesicht zu einer entschlossenen Grimasse und sagte: *„Kauf!“*. Und man kaufte, denn ein Blick in Louis Gesicht war schon etwas Erschreckendes. Den Beinamen

„Pretty“ hatte er wegen seiner bemerkenswerten Hässlichkeit erhalten. Unbestritten ist das Gerücht, dass ihm der berühmte Circus „*Ringling Bros.*“ das Angebot machte, als *Missing Link* aufzutreten. „Pretty“ Amberg soll darüber sehr gelacht haben. Gemeinsam mit seinem Bruder **Joseph „Joe“ Amberg** (geb. 1892), und **Frankie Teitelbaum** kontrollierte er ab 1921 den illegalen Alkohol in Brownsville. Daneben hatte er seine Finger im Wäschereigeschäft. Die zahlreichen Wäschesäcke, so behaupteten Branchenkollegen, benutzte er gerne, um seine Opfer verschwinden zu lassen.

Ambergs Unternehmungen hatten nicht die Größe von denen der Syndikatbosse, doch er galt als Platzhirsch, der mit seinen Brüdern sein Revier unerbittlich verteidigte. Zu Dutch Schultz, der einmal sein Partner werden wollte, sagte er: *„Warum steckst du dir nicht gleich den Revolver in den Mund und drückst ab?“* Zwei von Schultz‘ Leuten, die Amberg ausspionieren sollten, wurden von Kugeln durchsiebt. Nachdem die Truppe um Abe Reles die ehemaligen Reviere der Shapiros kontrollierte, kam sie zwangsläufig den Ambergs ins Gehege. Und „Pretty“ Amberg war bekanntlich nicht sehr wählerisch, wen er sich zum Feind machte. In seinem Revier war er ein Gangster in der Vorstufe zum Terroristen. So war es seine Art von Spaß, einfach durch die Restaurants zu spazieren und den Leuten in die Suppe zu spucken. Luciano, Lepke und die anderen hatten keine Hemmungen, ihn für vogelfrei zu erklären. Das Syndikat hatte erkennen lassen, dass die Ambergs mit dem „schönen Louis“ zu den Aussätzigen gehörten. Sie konnten sie nicht in ihre Vorstellung vom organisierten Verbrechen einordnen. Red Levine, der orthodoxe Killer Maranzanos aus dem Castellamare-Krieg gehörte zu Ambergs letzten Vertrauten, doch er ging auf Distanz, als er merkte, wie die Fronten lagen.

Nachdem sein Bruder bereits Opfer eines Attentates geworden war, tauchte „Pretty“ unter, weil er wusste, dass halb Brooklyn hinter ihm her war. Entsprechend schwer war es, ihn zu erwischen. Lepkes Adjutant „Mendy“ Weiss war einer der wenigen, denen Amberg noch vertraute, ohne dass er ahnte, welch enge Bande Weiss bereits mit der Brownsville-Truppe hatte. Weiss arrangierte ein Treffen mit “Pretty“. Als die Brownsville-Leute dort mit Harry Strauß auftauchten, wusste er, dass es eine Falle war. Wie bei vielen anderen Gangstern – die letzte Erkenntnis in seinem

Leben. Die Karriere des schönen Louis endete am 23.10.1935. Zu diesem Zeitpunkt lag sein schärfster Rivale Dutch Schultz gerade im Sterbebett und sprach seine wirren letzten Worte. Man würde einander in der Hölle wiedersehen. Die Polizei fand Amberg in seinem ausgebrannte Wagen. Als Leiche war er sogar noch hässlicher, als zu Lebzeiten. Die einzelnen, mit einem Messer abgetrennten Körperteile waren mit Drähten an die Sitze gebunden und es dauerte noch einige Zeit, bis man ihn identifizieren konnte. In den Gegenden von Brownsville und Williamsburg gab es allerdings nicht viele, die „Pretty“ eine Träne nachweinten.

Der zartbesaitete Killer

Alleine der Umstand, dass die Mitglieder der Brownsville Truppe für Mordaufträge des Syndikates herangezogen wurden, machte sie zu den Herrschern von Brooklyn. Das Syndikat hatte ihnen freie Hand gegeben. Sie konnten ihre lokalen Konkurrenten ausschalten, ohne Gefahr zu laufen, den wirklich Mächtigen in die Quere zu kommen. Alberto Anastasias Präsenz war Garant, dass keine sizilianischen Interessen verletzt wurden. Und wenn das Syndikat geschlossen gegen irgendwelche Quertreiber Stellung bezog, dann waren es oft Leute wie Harry „Pittsburgh Phil“ Strauss, die zum Einsatz kamen. In nur 13 Jahren hatte er es auf stattliche 29 Verhaftungen gebracht, doch kein einziges schweres Delikt konnte ihm nachgewiesen werden.

Das Morden wurde zur überregionalen Angelegenheit. Wenn etwa die „Freunde der Freunde“ aus Chicago jemand nannten, der ihnen Unannehmlichkeiten bereitete, dann wandte man sich an das Syndikat und es wurde ein Killer aus einer anderen Stadt eingeflogen, den die lokalen Polizeibehörden nicht kannten. „Pittsburgh Phil“ war so ein Handlungsreisender in Sachen Tod. Die tägliche Wegroutine des Opfers („*The Bum*“) war schon vor Ort ausgekundschaftet, der Plan in allen Details festgelegt. Wenn die Polizei das Opfer fand, saß der Killer meistens schon wieder im Flugzeug. Strauß kannte seine Opfer meistens gar nicht. Er las am darauffolgenden Tag die Zeitungen, um etwas über sie zu erfahren. Doch „Pittsburgh Phil“ passte so ganz in die Klischeevorstellung des eiskalten Killers. Er war es, der den früheren Brownsville-Rivalen Meyer Shapiro bei lebendigem Leibe verbrannt hatte und es mangelte ihm nicht an Grausamkeit.

Dennoch war er ein Sensibelchen, wenn es um seine eigene Unversehrtheit ging. Beim Strangulieren eines planmäßigen Opfers Namens **Irving „Puggy“ Feinstein**, selbst ein Unterweltler, wehrte sich dieser und biss „Pittsburgh Phil“ in den Finger, worüber er sich noch Tage nach vollbrachter Tat bitterlich beklagte, weil er Angst vor einer Infektion hatte. Ein anderer Mord in Jacksonville, Florida war von den lokalen Auftraggebern schlecht vorbereitet. Pittsburgh Phil verfolgte das Opfer in einen dunklen Kinosaal, er hatte seine Waffe nicht dabei. Er setzte sich nahe zum Opfer und wollte es mit einer Feueraxt liquidieren. Doch es lief nicht alles wie geplant, der Mann wechselte ständig den Sitz immer dann, wenn Phil gerade bereit war zuzuschlagen. Pittsburgh Phil suchte entnervt das Weite, der Mann überlebte. Daheim in New York beklagte er sich mimosenhaft über diese „Cowboys“ in Florida und dass es nicht sein Stil sei, unter solchen Umständen seinen Job erledigen zu müssen. Man brachte ihm Verständnis entgegen.

„Judge Lepke" im Visier

Der Umstand, dass die Commission Dutch Schultz für die Behörden geopfert hatte, befriedigte nicht den unstillbaren Ehrgeiz des rechtschaffenen Staatsanwaltes Dewey, der inzwischen zum Gouverneur von New York aufgestiegen war. Luciano war aus dem Verkehr gezogen, ohne dass man seine wahre Bedeutung wirklich erkannt hatte. Dewey zentrierte seine Bestrebungen nun auf Louis Lepke und Gurrah Shapiro, die er als die gefährlichsten Gangster der Vereinigten Staaten einstufte. Eine Einschätzung, die auch einer objektiven Überprüfung standhalten würde. Lepke war nie auf Schlagzeilen aus, wie einst Schultz. Seine Auffälligkeit für die Behörden lag in seinem Stil. Mehr als alle anderen bedeutenden Köpfe des Syndikates, sah er Drohung und brutale Gewalt als geeignetes Mittel, seine Ziele zu erreichen. Was Lepke nervös machte, war der Umstand, dass es zu viele gab, die seine Verstrickungen in die Auftragsmorde für die sogenannte *Murder Inc.* kannten. Der Prozess Lucianos hatte ihm gezeigt, wie schnell die Justiz jemanden kaltstellen konnte, wenn man nur ein paar aussagewillige Zeugen fand. Auf

Lepke und Shapiro wurde ein Kopfgeld ausgesetzt, sie mussten untertauchen.

Ein Mann mit Lepkes Beziehungen konnte zwar – wenn auch eingeschränkt – seine Geschäfte auch aus dem Untergrund leiten. Doch Dewey und seine Behörden würden nicht ruhen, ehe er gefasst war. Auch in der Defensive blieb Lepke seiner Linie der Gewalt treu. Er entschied sich für die Strategie der verbrannten Erde. Alles, was ihn gefährden könnte, musste verschwinden. Und das waren vor allem die, die im Verdacht standen, gegen ihn aussagen zu wollen. Sein Verhalten glich dem eines gereizten Raubtieres, dass man in die Enge getrieben hatte. Er ließ seine Killer ausschwärmen und es begann eine beispiellose Mordserie, die schließlich erst den makabren Ruf der *Murder Inc.* in der breiten Öffentlichkeit schuf. Die Schätzungen der gesamten Opferzahlen von *Murder Inc.* schwanken zwischen 100 und 500 Personen.

Murder Inc. meets „Bugsy“ Siegel

Eines von Lepke´s potentiellen Opfern, war **Harry Schacter**, alias **Harry „Big Greenie“ Greenberg**, der nach Kanada gegangen war, aber dort keine guten Geschäfte machte. Er machte den Fehler, einen Brief an seine Freunde in New York zu schreiben, in dem er um Geld bat und dezent anklingen ließ, dass er genügend Wissen besaß, um andere zu gefährden. Das war ein tödlicher Fehler. Allie „Tic Toc“ Tannenbaum erhielt den Mordauftrag. Greenberg ahnte bald, worauf er sich da eingelassen hatte und floh nach Detroit, zu seinen alten Freunden von der Purple Gang, die ihn warmherzig empfingen. Doch Abe Bernstein, ihr Anführer hatte inzwischen sehr gute Beziehungen zum New Yorker Syndikat und wollte Greenberg nur so lange hinhalten, bis Tannenbaum in Detroit eingetroffen war. Aber Greenberg war kein Dummkopf und durchschaute Weinbergs böses Spiel. Schließlich floh er so weit wie möglich weg und landete in Kalifornien – direkt in den Armen Benjamin „Bugsy“ Siegels.

Mendy Weiss, Lepkes Adjutant, übermittelte Siegel die Nachricht von Greenbergs neuen Aufenthaltsort und „Bugsy“ war geschmeichelt, dass man ihm die Vorbereitung der Operation übertrug, schließlich war Kalifornien sein Revier. Als Tannenbaum in Kalifornien eingetroffen war, versammelte Siegel seine Adjutanten, um die Sache zu besprechen. Wie üblich wollte Siegel, der Killer aus Leidenschaft, den „Hit“ selbst durchführen, obwohl ihn seine Freunde warnten. Es sei zu riskant für einen Boss seiner Größe. Siegel meinte, *„Greenberg ist eine Gefahr für alle, wenn ihn die Cops schnappen, dann erzählt er unsere ganze Story, zurück bis in die 20er.“*

Letztendlich wurde das Attentat doch regulär nach Manier der Murder Inc. ausgeführt. Als Greenberg wie jeden Morgen aus dem Haus ging, um seine Zeitung zu holen, tauchte Tannenberg aus dem Schatten auf und erschoss ihn. Greenberg war das erste Opfer der Murder Inc. in Kalifornien.

Die Lepke Connection

Das FBI und die US-Drogenfahndung hatten inzwischen genügend Material vorliegen, um Lepke auch ohne Mordanklage hinter Gitter zu bringen. Im Herbst 1939 ließ man Lepke die Nachricht zukommen, das man ihn nicht an die örtlichen New Yorker Justizbehörden – also Dewey – ausliefern würde, wenn er sich wegen der anderen Delikte freiwillig stellen würde. Das würde ein paar Jahre Gefängnis bedeuten, aber nicht wie wahrscheinlich bei einer Mordanklage die Hinrichtung durch den elektrischen Stuhl. Lepke nahm den Deal an und stellte sich. Sein sizilianischer Freund Alberto Anastasia steuerte den Wagen zum vereinbarten Treffpunkt. Er warnte Lepke noch einmal vor diesem Handel, doch Lepke hatte sich entschieden. Auf einem Parkplatz stieg er in einen anderen Wagen um. Darin saßen der Journalist, der Lepke das Angebot der Behörden überbracht hatte, und FBI-Boss Edgar J. Hoover persönlich.

Am 2.2.1940 wurde Lepke wegen verschiedenster Delikte zu vierzehn Jahren Haft in einem Bundesgefängnis verurteilt. Doch es sollte noch anders kommen. Was Lepke bewogen hatte, sich auszuliefern, darüber wurde viel spekuliert. Manche meinten, er war so naiv, das Märchen zu glauben, das ihm Hoover aufgetischt hatte. Doch letztendlich war seine Situation, wie er selbst erkannt haben dürfte, unhaltbar geworden. Wer eine so deutliche Zielscheibe war, der gefährdete früher oder später auch die anderen Köpfe des Syndikates. Lepke musste sich opfern, um die *Commission* aus der Schusslinie zu halten. Dass es nicht bei der vereinbarten Gefängnisstrafe blieb, das hatte er unter anderem auch dem Brownsville-Boy und Killer der *Murder Inc.,* Abe Reles zu verdanken.

Die Geschichte eines Kanarienvogels

Abe Reles hatte wegen diverser Delikte bereits kurze Haftstrafen abgesessen, zuletzt aber zwei Jahre im New Yorker Gefängnis Sing Sing verbracht. In seine alten Territorien in Brooklyn zurückgekehrt, fand er geänderte Verhältnisse vor. Nicht nur, dass er seinen Einfluss auf seine Freunde aus Brownsville eingebüßt hatte, er registrierte auch eine gereizte Stimmung im Milieu. Die Verhaftung Lepkes hatte viele verunsichert. Teils aus Verärgerung über die mangelnde Resonanz aus seinem Freundeskreis, teilweise aus rationaler strategischer Überlegung, beschloss Abe „Kid Twist“ Reles, das aus Sicht der Unterwelt so ziemlich abscheulichste Verbrechen überhaupt zu begehen: er würde mit den Behörden kooperieren. Die allgemeine Verunsicherung hatte bereits einige, weniger bedeutende Gestalten, wie etwa Max Rubin, einen Gewerkschafts-Racketeer veranlasst, gegen Lepke auszusagen. 4 Tage später wurde er Opfer von Lepkes Killern.

Aber jetzt war Lepke im Gefängnis. Es war nur eine Frage der Zeit, bis sich weitere einschlägig Informierte aus Brooklyn an die Behörden wenden würden, nur um die eigene Haut zu retten. Jeder, der etwas über Lepke wusste, war schon ein potentielles Opfer. Lepkes Paranoia, alle möglichen Zeugen vorbeugend aus dem Verkehr zu ziehen, bewirkte erst recht, dass sich viele unter den Schutz der Behörden flüchteten. Aber alle kannten sie Reles und würden auch ihn gefährden. Letztendlich ging es ihm darum, anderen zuvorzukommen, denn wer als erster aussagte, hatte für die Justiz noch einen Marktwert. Reles wusste mehr, als die meisten anderen. Er traf sich mit dem Assistenten von Dewey, Burton B. Turkus, ein Mann, selbst auch nicht ohne gewisse

Karriere-Ambitionen. Und Abe Reles sang ganze Arien – über seine eigenen Untaten und die der anderen – und über Lepke. Erst seine Aussagen schufen für die Öffentlichkeit den Mythos der *Murder Inc.* Später, in den fünfziger Jahren, veröffentlichte Turkus sein gleichnamiges Buch, dessen Inhalt von den meisten Chronisten übernommen wurde. Kritiker meinten, es sei unrichtig, von einer USA-weiten Killerorganisation im Dienste des Syndikates zu sprechen. Abe Reles hätte übertrieben, um seinen Marktwert für die Behörden zu steigern, schließlich ging es um seine eigene Haut. Die meisten Morde seien bei Revierkämpfen der Brownsville Gang und in Lepke's Gewerkschafts-Racketeers geschehen. Die Rolle der Killer um Abe Reles sei dabei hochgespielt worden.

Abe Reles, nun eine Art Pflegekind von Polizei und Justiz verbrachte sein Leben in der Zeit der Verhöre in einem abgelegenen unscheinbaren Hotel unter schwerer Polizeibewachung. Turkus stellte Reles auch grundsätzliche Fragen:

„Wie ging es Ihnen dabei, wenn sie Menschen töteten?"

„Hm..., wie ging es Ihnen, als sie Ihren ersten Prozess führten?"

„Ich war ziemlich nervös und angespannt."

„Und beim zweiten mal?“

„Nicht mehr ganz so nervös, später war es dann nur mehr Routine.“

„Sehen sie, beim Töten ging es mir genauso.“

Doch es kam der Tag, als Reles endgültig schwieg. Man fand seine Leiche auf der Straße vor dem Hotel, in dessen dritten Stock sein Zimmer war. Bis heute ist nicht eindeutig klar, wie er starb. Reles hatte ein Leintuch an das Heizungsrohr in seinem Zimmer befestigt und sich aus dem Fenster abgeseilt, so die offizielle Darstellung der Behörden. Demnach sollte es ein Unfall gewesen sein, wahrscheinlich war er einfach abgestürzt. Die polizeilichen Bewacher vor seiner Zimmertür hätten die ganze Nacht nichts bemerkt. Doch zum einen hatte Reles kein wirklich dringendes Fluchtmotiv und zweitens war das Leintuch für diese Höhe viel zu kurz gewesen. Die Entfernung, in der man seine Leiche von der Mauer des Hotels fand, sprach ebenfalls gegen einen Absturz. Reles hätte schon weit springen müssen, um eine solche Distanz zu überbrücken. Vom Selbstmord bis zum raffinierten Racheakt des Syndikates, mit bestochenen Polizeibewachern, die Reles selbst aus dem Fenster geworfen hätten, reichte die Palette der

Gerüchte. Zitiert wird auch gerne Frank Costello, der gesagt haben soll, *„Es hat uns zwar eine Stange Geld gekostet, aber Reles ist vor seinen Schöpfer getreten."* Der wahre Hintergrund ist bis heute ungeklärt. Reles ging jedenfalls in die Geschichte der Unterwelt ein, als *„Der Kanarienvogel, der singen, aber nicht fliegen konnte"*.

Lepkes letzter Gang

Für einige im Kreis der Murder Inc. kam der Tod von Abe Reles zu spät. Seine umfangreichen Aussagen hatten den Anklägern genügend Material in die Hand gegeben. Die Brownsville Gang, bzw. Murder Inc. war in Auflösung begriffen. Am 6.12.1941 kamen Martin „Buggsy" Goldstein und Harry „Pittsburgh Phil" Strauß auf den elektrischen Stuhl. Bevor ihm der unfreiwillige Abtritt aus dem Leben widerfuhr, den vorher er so vielen anderen zugedacht hatte, meinte Strauss noch: *„Es ist nicht wegen der Hinrichtung, aber ich wünschte, ich könnte noch einmal mit Reles in einer Zelle sitzen, damit ich ihm die Halsschlagader durchbeißen kann..."*.

Anfang 1942 folgten Harry „Happy" Maione und Frank „The

Dasher“ Abbandando. Durch Reles Aussagen platzte auch Lepkes Deal mit den Behörden. Er wurde in Gewahrsam der New Yorker Behörden überstellt, wo er den Rest seines nicht mehr allzu langen Lebens unter Mordanklage im Gefängnis Sing Sing verbrachte. Die New Yorker Justiz war an die Zusagen, die das FBI Lepke gemacht hatte, nicht gebunden und verurteilte Lepke zum Tode. Lepkes Frau forderte ihn immer wieder auf, eine umfassende Aussage zu machen, um eventuell sein Leben noch zu retten. Doch Lepke tat nichts dergleichen, er schätzte Dewey und Konsorten richtig ein – sie wollten ihn unbedingt als Mörder haben, nicht als Zeuge. Nichts würde Dewey davon abhalten, ihn auf den elektrischen Stuhl zu bringen, auch wenn Lepke weit Bedeutenderes zu berichten hätte, als etwa ein Abe Reles. Eine Mitteilung, die seine Frau für ihn an die Presse weitergab, war eine verschlüsselte Nachricht für das Syndikat: Lepke würde nicht „singen“.

Sein letztes Foto während seines Aufenthaltes in Sing Sing zeigte einen anderen Lepke. Konnte man ihn auf früheren Aufnahmen leicht für einen etwas kleingewachsenen Autoverkäufer halten, so kommt erst auf dem Sing Sing-Mugshot ein Antlitz zutage, aus dessen Augen die geballte Dämonie des Mannes zu strahlen scheint. Am 4.3.1944 war sein Ende gekommen. Er trat mit unberührter Miene seinen letzten Gang an – gemeinsam mit den ebenfalls Verurteilten, „Mendy“ Weiss und Louis Capone – und merkte nur noch an, dass er gar nichts bereue. Er war der einzige der großen Gangsterbosse, der auf dem elektrischen Stuhl hingerichtet wurde.

KAPITEL VII

LAS VEGAS / KUBA

Der Sizilien-Deal

Die Vereinigten Staaten befanden sich im Krieg mit den Achsenmächten. Das Land war in einer Art Hysterie. An der Westküste fürchtete man sich vor dem Auftauchen japanischer U-Boote, an den Hafendocks der Ostküste vor Sabotage an Transportschiffen, die den kriegsentscheidenden Nachschub nach Europa bringen sollten. Schließlich kam es bei der Sicherheit der Häfen zu einer ansonsten sehr ungewöhnlichen Kooperation. Der Umstand, dass die Dockarbeiter-Gewerkschaften weitgehend unter Kontrolle der Unterwelt standen, veranlasste FBI und Justiz, ungewöhnliche Kontakte zu knüpfen.

Als die Invasion des europäischen Kontinents durch die Landung in Sizilien bevorstand, erinnerten sich die verantwortlichen Militärs an die traditionell guten Beziehungen zwischen der sizilianischen Mafia und der amerikanischen Unterwelt.

Entsprechende Kontakte mit „einflussreichen Vertretern“ der Inselbevölkerung würden das amerikanische Vorhaben erleichtern. Meyer Lansky selbst hatte die erforderlichen Kontakte nicht, doch die besaß ein guter alter Freund, den er nicht vergessen hatte: Charles „Lucky“ Luciano, seines Zeichens ungekrönter Unterweltkönig, der noch immer im Gefängnis im Norden der USA saß. Lansky begann zwischen ihm und den Militärs zu vermitteln und Luciano sagte seine Kooperation zu. Er wurde in ein vergleichsweise komfortables Gefängnis in New York verlegt, wo es ihm möglich war, seine langen Fäden bis nach Sizilien zu ziehen. Die lokalen Mafiagrößen sollten die Invasion vorbereiten und unterstützen. Die Sache funktionierte dann auch vortrefflich. Trotzdem kam eine Freilassung Lucianos nicht in Frage. Man bot ihm an, ins Exil nach Neapel zu ziehen und nie wieder in die USA zurückzukehren. Mangels Alternativen nahm Luciano an.

Nach dem für die USA siegreichen Ende des Krieges wurde eine ausufernde Abschiedsparty für Luciano auf einem Luxusdampfer im New Yorker Hafen gefeiert. Noch einmal versammelten sich die namhaften Mitglieder des Syndikates zur großen Feier. Für Luciano wurde dann das Exil in Neapel eine reichlich eintönige Angelegenheit, da ihm die italienischen Behörden strenge Auflagen erteilten.

„Ich erkannte, ich würde immer ein Fisch auf dem Trockenen bleiben, wenn ich nicht aufhörte, mich als einen Amerikaner in einem fremden Land zu sehen. Ich musste begreifen, dass das Leben in Italien bedeutete, du kannst nicht mit dem Finger schnippen, und Dinge werden sofort erledigt. Zeit bedeutet hier gar nichts oder zumindest nicht dasselbe wie in New York."
Doch das Telefon und andere Kommunikationsmittel waren längst erfunden und Luciano blieb weiterhin ein Mann im Hintergrund, der auf die Geschehnisse in der amerikanischen Unterwelt bedeutenden Einfluss hatte.

„Bugsy", der Hollywood Star

In Kalifornien lebte Benjamin „Bugsy" Siegel wie ein Fisch im Wasser, oder besser gesagt, wie ein Hecht im Karpfenteich. Mit Unterstützung einiger Lansky-Vertrauensleute, wie Joseph „Doc Stacher" Oystacher (geb. 1900), Augustus „Gus" Greenbaum (geb.1894) und Morris Moses Sidwirtz alias „Moe" Sedway (geb. 1894) hatte er die inoffizielle Kontrolle über die Filmindustrie Hollywoods übernommen, indem er die Gewerkschaft der Filmarbeiter kontrollierte. Mit vielen namhaften Hollywood Stars, wie etwa Clark Gable, hielt er Freundschaften. Dazu gehörte vor allem der Schauspieler George Raft, der vorwiegend Gangster in Filmen darstellte. Viele der echten Gangster verfolgten, wie Raft seine Rolle spielte und ahmten seine Bewegung und sein Gehaben nach. Siegel bot ein farbiges Kontrastprogramm für die erlauchte Gesellschaft der Filmstars. Er war der charismatische Partylöwe, der durch liebenswürdigen Charme glänzte. Es war schwer zu glauben, welch notorischer Killer in ihm steckte.

Ein weiteres Betätigungsfeld Siegels war der Aufbau eines landesweiten Telegrafennetzes, das Nachrichten – speziell die Ergebnisse von Pferderennen – blitzschnell verbreiten konnte. Die bestehenden legalen Netze waren wegen gesetzlicher Auflagen relativ eingeschränkt. Sie durften nur die Rennergebnisse bekannt geben. Die Buchmacher benötigten für das Geschäft mit den Pferdewetten aber Insiderinformationen über alle Details bei den tausenden Pferderennen in den USA. Etwa, ob vor dem Rennen der Jockey ausgewechselt wurde, die Beschaffenheit der Rennbahn und andere Einzelheiten, die Wetten beeinflussen konnten. Siegel benötigte vier Jahre, um sein Netz *Trans America Wire* zur Monopolstellung zu führen. Ein bereits bestehendes, vom Chicagoer Gangster James Ragan betriebenes illegales Netz, der *Continental Wire Service,* wurde nach einigen Unterwelt-Machtkämpfen übernommen. Siegels Verbündete in Chicago liquidierten Ragan und so wurde „Bugsy" zum alleinigen Herrn über das USA-weite Netz, an das sich nach und nach alle Wettbüros anschlossen. Problem war nur, dass einige Bosse aus dem Syndikat in Ragans Netz involviert waren. Das Syndikat meinte nun, Siegel müsse sie nun an seinem *Trans America Wire* beteiligen. Doch Siegel hatte sich bereits so weit vom Syndikat emanzipiert, dass er jede Einmischung ablehnte: *„Es ist mein Geschäft und ich mache es alleine!"* Das missfiel den Bossen an der Ostküste ganz und gar, und es brauten sich dunkle Gewitterwolken zusammen.

Las Vegas – die Wüste lebt

Es war ein gewisser Billy Wilkerson, der das verschlafene Wüstendorf Las Vegas „entdeckte“ und den Plan entwickelte, hier ein Monte Carlo der USA aufzubauen. Leute wie Meyer Lansky, Frank Costello und Moe Dalitz hatten die bewährt profitablen Kombinationen aus Spielcasino und Hotel bereits in Florida und Kuba etabliert. Nachdem Wilkerson Grundstücke gekauft hatte, ging ihm das Geld aus und er suchte finanzkräftige Partner. Einen davon fand er in Ben Siegel.

Es war ein großes Wagnis, aus diesem Nest eine blühende Oase zu machen. Die Sommer in der Wüste Nevadas waren so heiß, dass es die Kabel im Auto zum Schmelzen brachte. Aber Nevada hatte das Glücksspiel legalisiert und Siegel erkannte das Potential von Las Vegas. Hier konnte man Unmengen Geld „weißwaschen“, ganz abgesehen von den Profiten beim Spiel selbst – und das alles als legales Geschäft. Auch Siegels alter Freund Lansky erkannte diese Möglichkeiten und warb bei den Bossen des

Syndikates für diese Idee. Neben dem Cleveland Syndikat von Moe Dalitz, Willie „Ice Pick Willie“ Alderman, den Bonnanos und anderen Familien, zog es immer mehr Gruppierungen nach Nevada. Tatsächlich sollte Las Vegas später zum Mekka der gesamten Unterwelt werden. Siegel begann ein Hotel in Nevada zu planen, es sollte der Auftakt für das kommende Spielerparadies werden und das Syndikat streckte bemerkenswerte Summen vor, niemand wollte sich ein solches Geschäft entgehen lassen. Siegel bewarb das Projekt mit seinem ganzen persönlichen Einsatz und schwärmte allen vor, welche Pionierleistung es war. Seine Beredsamkeit und Überzeugungskraft lockte viele Unterstützer an. Andere Lokalbesitzer in Las Vegas überzeugte er mit den altbewährten Manieren der Lower East Side-Gangster: „... *Entweder sie unterschreiben diesen Vertrag, oder sie sind morgen ein toter Mann.“* Das sorgte in Vegas für heftige Irritationen, denn dort war es üblich, seine

Die Fundamente des Flamingo Hotels, ca. 1942

Photo: Las Vegas Weekly Revue

Verträge mit Rechtsanwälten auszuhandeln. Doch er stieß auch an seine Grenzen, denn nicht alle ließen sich einschüchtern. Als er einem Geschäftsmann mit dem vorzeitigen Ableben drohte, empfahlen ihm dessen Anwälte in ruhigem, sachlichen Ton, künftig zwei Leibwächter für ihren Mandanten abzustellen. Denn wenn ihm irgendein dummer Unfall passieren würde, dann würden die Behörden Siegel dafür verantwortlich machen.

„Bugsy´s" erstes Hotel sollte aber tatsächlich den bedeutenden Impuls auslösen, der Las Vegas zu dem machte, was es heute ist. Er nannte es „The *Flamingo*", nach dem Kosenamen seiner bevorzugten Mätresse, Virginia Hill. Seinem Namen gemäß erhielt das Hotelkasino eine Außenfassade in schreiendem Rosa und eine verschwenderisch prunkvolle Innendekoration. Das Teuerste war Siegel gerade gut genug. Doch durch die enormen Kosten wurde das *Flamingo* zu einer Art babylonischer Turm.

Die First Lady der Unterwelt

Die Karriere der wohl bedeutendsten aller Gangsterbräute begann in Chicago 1934, wo Virginia Hill als Nachtklubtänzerin auftrat. Sie erweckte die Aufmerksamkeit des Buchmachers Joe Epstein, eines Vertrauten von Al Capone. Epstein war ihr in kurzer Zeit verfallen und blieb es auch noch lange, nachdem sie ihn verlassen hatte. Er sandte ihr regelmäßig Schecks und Zuwendungen. Gegenüber Lansky beteuerte Epstein im Jahr 1946: *„Wenn du dich einmal mit diesem Mädchen infiziert hast, ist es wie Krebs. Unheilbar.“*

Nach Epstein wurden viele prominente Namen in der Unterwelt „Opfer“ dieser unheilbaren Krankheit. Virginia Hill verkehrte im persönlichsten Sinne des Wortes unter anderen mit den Fischetti Brüdern, Frank Nitti, dem Nachfolger Capones, dem eitlen Syndikatsmitglied Joe Adonis und schließlich mit dem nominellen Syndikatsvorsitzenden, Frank Costello selbst. Doch ihre wahre, große Liebe fand sie erst in Benjamin „Bugsy“ Siegel, dem charismatischen Strahlemann und ausgesprochenen

Damenfreund. Virginias aufbrausendes Temperament stand dem Siegels um nichts nach, und ihre immer wieder aufflammenden Auseinandersetzungen waren von ausgeprägter Dramatik, sie wurden häufig in aller Öffentlichkeit ausgetragen. Bei der gemeinsamen Baustellenbesichtigung während der Errichtung des Flamingo Hotels kam es oft zu schrillen Szenen. Siegels offen bekundete Liebe für sie hielt ihn jedoch nicht davon ab, sich noch andere Mätressen zu halten. In seinem Hotel hatte er für jede von ihnen ein eigenes Appartement vorgesehen. Zu „Bugsy´s" Harem gehörten die italienische Gräfin diFrasso, die britische Schauspielerin Wendy Barrie und Marie McDonald. Virginia Hill, ganz nach der Facon ihres Geliebten, hatte keine Hemmung vor Gewaltlösungen. In einem cholerischen Anfall verursachte sie bei Wendy Barrie einen gebrochenen Kiefer. Ein anderes Mal schlug sie einer Kellnerin eine Flasche ins Gesicht, weil Siegel mit ihr geflirtet hatte. Bei der Abschiedsparty für „Lucky" Luciano im Hafen New Yorks 1946 kam es zu gewissen Spannungen, weil Siegel mit Virginia Hill dort auftauchte und auch ihr früherer Geliebter Joe Adonis anwesend war.

Ein anderer Teil Ihrer Wesensart war ihr Hang zu Drogen. Ihre häufigen Besuche in Chinatown und anderen einschlägigen

„Versorgungsplätzen“ in Los Angeles wurden vom FBI aufmerksam registriert.

Der Flamingo Flop

War es anfangs noch eine Million Dollar, die das Syndikat in Siegels Projekt pumpte, so wuchsen die Kosten wegen der Verschwendungssucht und einiger Fehlplanungen bald auf einen mehrfachen Betrag. Noch mehr für Unruhe sorgte der Bericht von Moe Dalitz, dass Siegel einen Teil seiner Vegas-Einkünfte auf ein für das Syndikat unerreichbares Schweizer Konto transferierte. Virginia Hill machte öfters Besuche in Europa und es hielt sich das Gerücht, sie führe sehr hohe Geldbeträge mit sich. Auch Lansky bekümmerten diese Beobachtungen, dennoch glaubte er an die Zukunft von Las Vegas und teilte Siegels Meinung, der Grundstock des Flamingo sei eine Goldmine. Die Syndikatsbosse, vor allem die Italiener, die um ihre Investitionen bangten, begannen immer unverblümter, Siegels Kopf zu fordern. Lansky beschwichtigte die anderen, nicht nur, weil er es „Bugsy“ seinem alten Weg- und Kampfgefährten schuldig war, sondern weil er an dessen Idee glaubte. Andere Versionen behaupten, Lansky hätte auf die Frage der Syndikatsbosse, *„...was sollen wir tun?“*, seine Fingerspitzen betrachtet und gemeint: *„Was tut man mit jemand, der seine Freunde bestiehlt, wie ein Dieb?“*

Jedenfalls wollte man die Eröffnung des Flamingo noch abwarten, und es war eine Galgenfrist für Siegel. Er hatte viele Hoffnungen investiert. Das Flamingo war mit jedem damals nur denkbaren Luxus ausgestattet. Es gab bereits automatische Türöffner. Siegels Leute hatten Smoking zu tragen und beobachteten nicht nur die Spieler, sondern auch, ob nicht etwa jemandem die Zigarettenasche auf den roten Samtboden fiel. Hatte das bereits vorher erbaute Hotel „El Coyote“ eher das Ambiente einer Ferienranch für Cowboys, sollte das Flamingo den typischen Hollywood Glamour nach Vegas bringen.

Flamingo Hotel, 1947

Photo: LV Weekly Revue

Siegel mag unberechenbar gewesen sein und hatte keine Hemmungen, Leute auf der Stelle niederzuschlagen, vor allem, wenn sie ihn fatalerweise mit „Bugsy“ ansprachen. *„Er hat keine guten Manieren,“* meinte selbst Syndikatsboss Frank Costello. Doch gegenüber seinen Hotelangestellten gab sich Siegel gern als väterlicher Freund. Einmal bekam sein französischer Küchenchef einen cholerischen Anfall, weil ein umgekippter Pfefferbehälter die Speisen verdorben hatte. Der Küchenchef trat tobend in Siegels Büro und begann hemmungslos das Mobiliar zu zertrümmern. Siegel sprach beruhigend auf ihn ein und gewährte ihm auch noch eine 100 $-Extraprämie als Trostpflaster. Das war die andere Seite des New Yorker Killers.

Die mit Spannung erwartete Eröffnung des Flamingo fiel jedoch buchstäblich ins Wasser. Es gab strömenden Regen in Las Vegas und dichten Nebel in Los Angeles, wo die Flugzeuge festsaßen, welche die als Aufputz eingeladenen Hollywoodstars nach Vegas bringen sollten. Der Hauptfehler war aber, dass das Flamingo noch nicht fertiggestellt war. Es gab bereits das Restaurant und das Kasino, doch die Hotelzimmer waren noch nicht bezugsfertig. Von den Übernachtungen in Vegas profitierten daher die anderen Hotels. Noch dazu hatten Siegels Spielmacher und Bankiers noch nicht ihren Rhythmus gefunden, und die Gäste machten überdurchschnittlich hohe Gewinne. Die Eröffnung wurde zur finanziellen Katastrophe, auch wenn sie im ideellen Sinn tatsächlich das Startsignal für den kommenden Las Vegas -Boom bedeutete.

Ein standesgemäßer Abgang

Am 20.6.1947 tötete ein Attentäter Benjamin Siegel durch einen Kopfschuss während dieser gerade im Wohnzimmer von Virginia Hills Villa die „Los Angeles Times" las. Der manische Killer und charmante Sunnyboy der Hollywood Society hatte schon früher erkannt, dass sich die Gangster nur gegenseitig umbringen. Es besteht kein Zweifel, dass er nun selbst das Opfer eines solchen Unterwelt-Komplottes geworden war. Als die Angestellten des Flamingo vom Tod ihres Bosses erfuhren, brachen viele in Tränen aus, „Bugsy" war nicht nur gefürchtet, er war auch beliebt. An seinem Begräbnis nahmen nur die engsten Familienangehörigen teil. Zahllose Interpretationen ranken sich um die Hintergründe und die vermeintlichen Drahtzieher des Mordes. Viele

Interpretationen schon deshalb, weil Siegel zeitlebens genügend Gründe geboten hatte. Zu viele bedeutende Leute wurden von ihm vor den Kopf gestoßen. Die primäre These geht davon aus, dass der anfängliche Flop des Flamingo das Fass zum Überlaufen gebracht hatte. Die Syndikatsbosse saßen mit Millionen Dollar in dem Projekt und sahen ihre Investitionen schwinden. Kurioserweise warf das Flamingo zum Zeitpunkt Siegels Ermordung aber bereits Gewinne ab, womit sich schließlich Meyer Lanskys Prophezeiung über Las Vegas erfüllen sollte. Ein anderer Grund mag die brutale Übernahme des landesweiten Telegrafennetzes gegen den Willen des Syndikates gewesen, das war ein klarer Affront. Oder waren es auch Siegels raue, provokante Umgangsformen, mit denen er seine Partner in Las Vegas brüskierte. Oder es waren alle Gründe zusammen.

Was den Auftraggeber des Mordes betrifft, wird über keinen anderen so heftig spekuliert, wie über Meyer Lansky selbst. Schließlich war er schon seit Jugendjahren Siegels engster Freund und man nimmt an, dass es niemand wirklich gewagt hätte, Siegel entgegen Lanskys erklärtem Willen zu liquidieren. In einem späteren Interview meinte der Autor Sid Zion aus Lanskys Worten

zu erkennen, das er für Siegels Tod verantwortlich war.
Er schilderte das Gespräch so:
„Sagen sie die Wahrheit, sie haben ihr Einverständnis für den Mord Siegel gegeben?“
(Lansky hatte die ganze Zeit gelächelt, doch jetzt strafften sich seine Züge. Seine Augen glitzerten wie kleine Eiskugeln.)
„Er war der beste Freund, den ich je hatte. Noch heute kommen mich seine Enkelkinder regelmäßig besuchen. Wenn sie noch ein paar Tage hier bleiben, können sie sich selbst davon überzeugen. Wie könnte ich jemand zum Tod verurteilen, dessen Enkelkinder mich besuchen?“
(Seine schmalen Augen starrten weiter in ihrem kalten Glanz. Das war der Moment, wo ich wusste, dass er Siegel auf den Gewissen hatte...), so die Version Zions.

Dem israelischen Journalisten Uri Dan gegenüber erklärte Lansky, *„Wenn es in meiner Macht stünde, Benny am Leben zu sehen, dann könnte er so alt werden, wie Methusalem.“*
Ein weiteres Indiz für Lanskys Verstrickung in den Mord sehen einige Chronisten in dem Umstand, dass bereits kurz nach Siegels Tod die Herren Maurice Rosen und Gus Greenbaum im Flamingo

erschienen und den Angestellten mitteilten, sie würden ab sofort die neue Unternehmensleitung vertreten. Rosen und Greenbaum verwalteten für Lansky schon seit längerer Zeit Kasinos und Hotels in Florida und Kuba.

Gegen diese Theorien spricht hingegen der bekannte Umstand, dass es vor allem Lansky selbst war, der gegen die Bestrebungen der Syndikatsbosse immer wieder für Siegel Partei ergriff und zur Geduld mahnte, sowie der Umstand, dass er von der Gewinnträchtigkeit des Vegas-Projektes immer noch überzeugt war. Anfangs hatte auch noch Luciano - der Spiritus Rector im fernen Exil – gemeint, man müsse Siegel eine Chance geben. Doch wer so mit Unterwelt-Millionen fuhrwerkte wie Siegel, der unterlag der bizarr-unerbittlichen Gesetzmäßigkeit des Syndikates. Ein Geringerer hätte mit solchen Praktiken möglicherweise schon viel früher seinen branchentypischen Tod heraufbeschworen. Nach dem Flamingo Flop ging schließlich auch Luciano auf Distanz zu Siegel.

Doch Lansky kannte auch besser als jeder andere Siegels exzentrisches Benehmen und seine Devise, keine Regeln zu akzeptieren, außer seine eigenen. Zu einer späteren Zeit sah Lansky gemeinsam mit einem Freund einen Fernsehfilm über ihn und Siegel, wo Siegel als unberechenbarer Psychopath dargestellt wurde. *„Man sollte den Sender verklagen,"* meinte der Freund. Aber Lansky antwortete: *„Weswegen? In Wahrheit war er noch viel schlimmer."*

Die „Mafia-Prinzessin" von Las Vegas

Nach Dutch Schultz und Louis Lepke war mit Siegel, dem *Enfant terrible* der Unterwelt ein weiterer bedeutender jüdischer Gangster abgetreten. In den frühen 50er Jahren begann dann der eigentliche Las Vegas-Boom. Kaum eine bedeutende *Crime Family* fehlte bei den Beteiligungen an den lukrativen Hotels und Kasinos. Vor allem Moe Dalitz war so stark involviert, dass man ihn als *„Godfather* (der Pate) *von Las Vegas"* titulierte. So war Siegels Traum zumindest posthum in Erfüllung gegangen. Eigentümer des Flamingo war jetzt David „Dave the jew" Berman (geb. 1904), der im Schlepptau von Siegel in den Westen gekommen war und es nun gemeinsam mit Rosen und Greenbaum verwaltete. Als Berman 1957 an einer Herzattacke starb, war seine Tochter

Susan gerade 12 Jahre alt. Kurz danach beging ihre Mutter, die schon oft in psychiatrischer Behandlung war, Selbstmord. Berman war immer ein fürsorglicher Vater für Susan gewesen. Am Abend verließ er regelmäßig das Kasino, nur um Susan eine Gutenachtgeschichte vorzulesen. Es gab kein Spielzeug, das sie nicht besaß. Für ihr Geburtstagständchen wurde der bekannte Schnulzensänger *Liberace* engagiert. In den späten 70ern wurde das verwöhnte Kind neureicher Eltern Autorin und beschrieb in den Büchern *„Easy Street" und „Lady Las Vegas"* ihr Leben im Glitzermilieu der Spielerstadt. Erst durch die Recherchen zu ihrem Buch wurde ihr die kriminelle Vergangenheit ihres Vaters wirklich bewusst. Berman hatte wegen Raub und Mord mehrere Jahre in Gefängnissen verbracht, als er sich im Umfeld des alten Bugs-Meyer-Mob in der Hierarchie hochdiente. Als er Anfang der Fünfziger Jahre bereits selbst zu den Bossen gehörte, hatte er keine Straftaten mehr notwendig und war ein Mann, dem seine Familie über alles ging. Typisch für Berman und die meisten anderen jüdischen Gangster war ihre Sorge um die Sicherheit ihrer Angehörigen. So wurden Mutter und Tochter „auf Urlaub" geschickt, wenn es in der Unterwelt gerade zu Spannungen kam. Leibwächter waren allgegenwärtig und Berman führte auch nie den Wohnungsschlüssel mit sich, damit im Falle eines Attentates niemand zu seiner Familie vordringen konnte. Die Kinder der Vegas-Mafia führten ein luxuriöses Leben, ihre Eltern schickten sie in die teuersten Schulen. Berman erklärte seiner Tochter, Bildung sei das wichtigste, das sei das Einzige, was sie einem nicht wegnehmen können. Wie sich Susan Berman erinnerte, wunderte sie sich schon als Kind über diese Aussage, denn ihr war damals noch nicht klar, „wer" ihr etwas wegnehmen wolle und „warum"? Die jüdischen Bosse sahen ihre Kinder auch als Statussymbole, mit denen sie die anderen beeindrucken wollten. Und sie waren auch Ausdruck ihres Wunsches nach Anerkennung in der legalen bürgerlichen Gesellschaft. Ihrer Herkunft wegen wurde Susan Berman auch die „Mafia-Prinzessin" genannt. Standesgemäß hielt sie ihren teuren, glamourösen Stil auch ihr Leben lang bei, obwohl das väterliche Vermögen nach und nach schrumpfte. Sie musste immer mehr Geld von Freunden leihen. Ein anderes Makel war ihre Klatschsucht, für die diskrete Unterwelt ein sehr problematischer Charakterzug. Am 19.12. 2000 wurde sie im Alter von 57 Jahren aus einem Hinterhalt heraus ermordet. Die Polizei sah keinen Zusammenhang zwischen dem Mord und ihrer Vergangenheit. Susan Berman war aus Sicht der Behörden keine wirkliche Insiderin für das organisierte Verbrechen, was sie berichten konnte, fiel eher unter die Rubrik Tratsch und Klatsch und seit der aktiven Zeit ihres Vaters waren bereits Jahrzehnte vergangen. Die Umstände ihres Todes sind bis heute ungeklärt.

Ein melancholischer Nachklang

Erst später zog sich die Unterwelt mit durchaus profitablen Verkäufen aus der Spielerstadt zurück. Das FBI und die Justiz entwickelten einen sehr lästigen Ehrgeiz, andere illegale Aktivitäten aufzudecken – am Glücksspiel war in Nevada ja nichts auszusetzen. So kam es gar nicht ungelegen, als der exzentrische Milliardär Howard Hughes in Vegas auftauchte. Hughes war ein schlechter Spieler und verlor oft hohe Summen, aber er konnte es sich leisten. Er mietete eine Luxus-Suite im *„El Coyote“,* dem Hotel der Dalitz-Gruppe, die er wochenlang nicht verließ. Sein Ego wollte den Schmach der Spielverluste nicht akzeptieren, also kaufte er gleich das Kasino samt Hotel. Danach expandierte er in der Stadt und die Unterwelt fand den potentiellen Käufer, den sie gesucht hatte. Für Hughes war es kein besonders gutes Geschäft, seine Betriebe schrieben rote Zahlen, und später stieß er alles wieder ab.

Das Las Vegas von heute wird von legalen Unternehmen dirigiert. 1980 hatte die Hilton-Gruppe das *Flamingo* übernommen. Es wurde ausgebaut und auch äußerlich in eine Betonfestung verwandelt. Nur der alte Name blieb und für Insider gilt es immer noch als der *„Bugsy Bungalow"*. Auf Jahre hinaus war es das Top-Hotel in Vegas und mit seinen 3.500 Räumen das viertgrößte Hotel der Welt. Nichts erinnert mehr an den Mann, dessen Hals-Über-Kopf-Projekt Las Vegas erst zu dem gemacht hatte, was es heute ist.

1997 feierte man das 50-jährige Eröffnungsjubiläum des Hotels, ein Benjamin Siegel fand dabei keine Erwähnung. *„ Das Bugsy Image ist nicht gerade ein schmeichelhaftes für das Hotel oder Hilton,"* erklärte ein offizieller Sprecher, *„wir reden hier ja nicht über einen George Washington oder Abraham Lincoln. Wir sprechen über einen Räuber, Vergewaltiger und Mörder. Das sind keine vorbildlichen Eigenschaften."*

Die Kuba Connection

Schon in der ersten Hälfte des 20. Jahrhunderts befand sich die Insel nahe dem amerikanischen Festland in einer Art ökonomischen Abhängigkeit von den USA. Man spürte die Wirtschaftsdepression nach dem Börsenkrach 1929 genau so, wie man vom Aufschwung nach dem Zweiten Weltkrieg erfasst wurde. 1933 bis 1944 regierte, ganz nach den Gepflogenheiten einer klassischen „Bananenrepublik", der Offizier Fulgencio Batista das Land diktatorisch. Dann machte er den Fehler, sich seine Regentschaft mit einer demokratischen Wahl bestätigen zu lassen und verlor mit Pauken und Trompeten. In seinem Exil in Florida legte er bis März 1952 eine Nachdenkpause ein, um sich sodann mit Gewalt zurückzuholen, was er demokratisch verloren hatte – seine Alleinherrschaft über die Insel.

Unabhängig von den diversen kubanischen Machthabern hatten die Unterweltgrößen mit diversen Beteiligungen bereits auf der Insel Fuß gefasst. Für das Glücksspiel gab es dort genauso wenig Einschränkungen wie in Nevada. Die Machthaber profitierten von den Einnahmen. Kuba galt für die US-Bürger als Spieler- und Touristenparadies und verströmte im Gegensatz zu Vegas auch noch das exotische, karibische Flair des Rumba. Doch die amerikanischen Touristen wurden in den kubanisch betriebenen Kasinos regelrecht abgezockt, so dass die US-Medien ausführlich über die „Touristenfalle Kuba“ berichteten. Batista erkannte, dass das Geschäft mit den Touristen und ihren Devisen in ernsthafter Gefahr war. Zum Betreiben der Kasinos würde er Profis benötigen, die das Geschäft kannten und den Kunden seriös behandelten. Es kam Meyer Lansky, der sogar zum Sonderbeauftragten des Präsidenten ernannt wurde und in seinem Schlepptau so ziemlich das gesamte „Who is who“ der amerikanischen Unterwelt. Mit Batistas Segen drängten die Amerikaner massiv ins Kasino Management. Nur wenige der einheimischen Spielmacher blieben übrig. Neben den Spieltischen saßen die Aufpasser nun auf hohen Sockeln, wie die Schiedsrichter beim Tennis, um den Überblick zu haben, ob auch alles mit rechten Dingen zuging. Bald stabilisierte sich das angeschlagene Image des karibischen Spielerparadieses und die Dollars flossen wieder.

Comeback in Kuba

Im Oktober 1946 sollte in Havanna eine Konferenz der maßgeblichen Oberhäupter der Unterwelt stattfinden. Die kubanische Hauptstadt war schon deswegen ideal, weil man dort dem Zugriff des FBI entzogen war und weil die diversen Diktatoren Kubas den Aufmarsch von US-Gangstern gar nicht so ungern sahen, denn diese wussten, mit welchen Summen man sich die Freundschaft der Regierung sicherte. Der im italienischen Exil weilende Charles „Lucky" Luciano sollte ebenfalls an der Konferenz teilnehmen. Er wollte seine heimliche Rückkehr in die USA vorbereiten. Mit einem falschen Pass ausgestattet, brachte ihn ein Flugzeug aus Mexiko City nach Havanna, wo sein Freund Meyer Lansky mit seinem gewohnten Organisationstalent alle Vorbereitungen getroffen hatte. Unter seinem bürgerlichen Namen Salvatore Lucania wurde er in einem teuren Hotel einquartiert, sein Visum für Kuba hatte Lansky beim zuständigen Minister erwirkt.

Die Konferenz sollte auch Lucianos Rückkehr in die USA vorbereiten. Man spekulierte dabei ausgerechnet mit dem Gouverneur des Staates New York, Thomas Dewey, dem unbeirrbaren Verbrechensbekämpfer, der Luciano in sein italienisches Exil verwiesen hatte. Doch so abwegig war die Spekulation gar nicht, denn sie kannten alle Deweys politischen Ehrgeiz. Bei den Präsidentschaftswahlen 1948 wollte er für die Republikaner kandidieren.

Es wäre nicht das erste Mal, das die Unterwelt mit hohen Summen die Wahlkampagnen der ihr genehmen Kandidaten unterstützte. Das funktionierte vor allem über den Einfluss auf die Gewerkschaften und beträchtliche Geldspenden. So geschehen früher bei Roosevelt, der die Spenden aus diesem zweifelhaften Milieu nicht gerade verweigerte, doch nach seiner Wahl gar nicht daran dachte, die erwarteten Gegenleistungen dafür zu erbringen. *„Ich will ja nicht sagen, wir hätten Roosevelt zum Präsidenten gemacht,“* soll Luciano später erklärt haben, *„aber wir haben deutlich nachgeholfen. Die Stimmen in New York waren bei Wahlen immer eine Vorentscheidung. Doch wir hatten nichts davon. ich will ihm das nicht vorwerfen, an seiner Stelle hätte* *ich es wahrscheinlich auch so getan. Wir hatten uns nur etwas gewundert, dass die ehrenwerten Politiker auch nicht anders waren, als wir."*

Die Havanna-Konferenz

Waren es bei der Atlantik-City Konferenz im Jahr 1929 noch die Größen der Prohibition, die zusammentrafen um Zukunftspläne zu schmieden, waren es in Kuba die Granden des Glücksspiels und der Hotelbranche. Es waren die Zeichen der Zeit, dass Meyer Lansky und **Phil „Dandy Phil" Kastel** (geb. 1904) die einzigen jüdischen Konferenzteilnehmer waren. Kastel, der schon mit Arnold „Mr. Big" Rothstein in der Prohibition zusammengearbeitet hatte, verwaltete jetzt die Armeen von *Slot Machines* („einarmige Banditen"), mit denen sein Boss Frank Costello das ganz Land überschwemmt hatte. Ansonsten war von den italienischen Mafiafamilien nahezu alles versammelt, was Rang und Namen hatte. Da kamen die Luciano-Vertrauten Joe Adonis, Alberto Anastasia, der seine enge Beziehung zu Lepke und der Murder Inc. schadlos überstanden hatte, Vito Genovese, von dem man ahnte, dass er ganz eigene Zukunftspläne hegte, und schließlich noch Größen wie Joe Bonanno, Frank Costello, Charles „Happy Trigger“ Fischetti, der in Begleitung seines Freundes Frank Sinatra in Kuba erschien, Tommy Lucchese, Willie Moretti, Guiseppe Profaci und noch andere, deren Clans die Zukunft der organisierten Kriminalität prägen sollten. Zu den Bedeutenden die fehlten, gehörte auch der damals noch lebende „Bugsy“ Siegel, der Beherrscher der Westküste. Doch das lag darin begründet, dass gerade bei dieser Konferenz ein Urteil über ihn und sein Flamingo-Projekt gefällt werden sollte.

Trotz seines Exils war Luciano im Syndikat immer noch die unangefochtene Autorität und führte den Vorsitz. Nachdem die Bosse eingecheckt hatten, besuchten sie Luciano in seiner Suite, um ihm mit teuren Geschenken ihre Loyalität zu bekunden, wie es der sizilianischen Tradition entsprach. Lanksy hatte sie alle in einem Hotel untergebracht und ihre Suiten belegten vier ganze Stockwerke. Durch die Tischordnung bei der Konferenz ließ Luciano auch keine Zweifel aufkommen, wen er zu seinen Vertrauten zählte. Neben ihm, am Kopf des großen rechteckigen Tisches saßen Lanksy und Costello. Luciano proklamierte, es wäre nun an der Zeit, ihn nominell zum „Capo di tutti Capi“ (Boss aller Bosse) zu küren, was er de facto ohnehin schon längst war. Der ihm treu ergebene Alberto Anastasia meinte darauf: *„Für mich wirst du immer der Boss sein, komme was wolle. So sehe ich es und ich möchte wissen, wer anders darüber denkt.“* Dann ließ er seinen sizilianischen Killerblick in die Runde schweifen, wobei er auffällig lange bei Vito Genovese verharrte. Im Raum war es still und Luciano betrachtete das als Zustimmung. Er wollte dem ehrgeizigen Genovese, dessen Machtambitionen immer deutlicher wurden, eine Lektion erteilen.

Im wesentlichen ging es jedoch um die Aufteilung des kubanischen Glückspielparadieses. Lanksy errichtete bereits sein eigenes Hotel, das „Riviera“ mit dem gewohnten Flair und dem für ihn typischen hohen Standard. Costello und die anderen ließen ihre Gelder fließen und investierten euphorisch. So wie es schien, konnte die kubanische Unterwelt-Idylle durch nichts gestört werden. Doch es sickerte durch, dass sich Luciano auf Kuba aufhielt und für die Vereinigten Staaten war ein Luciano so nah vor ihrer Haustüre fast die gleiche Bedrohung, wie es später die sowjetischen Raketen sein sollten. Man ließ das Kubanische Regime wissen, dass man sogar die wirtschaftlichen

Hilfslieferungen einstellen würde, wenn Luciano nicht umgehend das Land verlässt. Widerwillig gaben die Kubaner nach und Luciano musste zurück in sein italienisches Exil, diesmal als Passagier eines unkomfortablen Frachtdampfers. Luciano vermutete eine Intrige Genoveses, der seine Verbindungen zur amerikanischen Politik hatte, und zürnte ihm. Der nächste große Unterwelt-Krieg warf seine Schatten voraus.

Im Zeichen der Revolution

Es war immer schon unruhig in Kuba. Aufständische in den Bergen und Revolten, die gewaltsam unterdrückt wurden, waren für Mittelamerika und die Karibik nichts ungewöhnliches. Das wussten auch die Gangster, und sie vertrauten dem so kooperativen und für ihre Geschäfte so aufgeschlossenen Diktator Batista, der das Land unter Kontrolle hielt. Für den Fall, dass sich das einmal ändern sollte, hatte Frank Costello bereits den Rebellenführer, Commandante Fidel Castro mit 400.000 $ „gesponsert". Eine Fehlinvestition höchsten Grades. 1959 gelang Castro dann der große Wurf. Batista war auf der Flucht, Castros Truppen rückten auf Havanna vor. Die Bevölkerung strömte plündernd in die

Hotels und Kasinos. Die meisten Gangster verabschiedeten sich ebenso blitzschnell aus dem Land, wie ihr bisheriger Gastgeber Batista und flüchteten Hals über Kopf vor den plündernden Massen. Paradoxerweise hielt nur der Schauspieler und bekannte Gangsterdarsteller George Raft, ein Freund von „Bugsy“ Siegel seine Position. Als die Menge die Vorhalle des Hotels stürmte verkündete er entschlossen: *„Hier kommt ihr nicht rein!“* und die Leute verzogen sich wieder. Von den „echten“ Gangstern harrte nur Lansky in seinem Hotel aus, doch alle Versuche mit den ideell gefestigten neuen Machthabern ins Gespräch zu kommen, schlugen fehl. Nach und nach wurden all die teuren Hotels und Kasinos verstaatlicht und Lansky verlor wie alle anderen seine gesamten Investitionen.

Eine filmische Interpretation des kubanischen Unterwelt-Abenteuers gibt es in „Der Pate II“, wo der jüdische Gangster Hyman Roth, dargestellt von Lee Strasberg, eine Rolle spielte, die in vielen Dingen auf Meyer Lansky passte. Auch Roth´s Ausspruch: *„Michael (Corleone)...wir sind mächtiger als US-Steel!“*, soll eine Abwandlung eines Meyer Lansky-Zitates gewesen sein. Lansky allerdings hatte diese Aussage nicht auf seine eigene Organisation bezogen, sondern viel mehr auf die gesamte Unterwelt. Nachdem der zweite Teil des Paten in den Kinos angelaufen war, erhielt Strasberg sogar einen Anruf von Lanksy persönlich, wobei Lansky ihm bestätigte, er hätte seine Rolle sehr gut gespielt.

KAPITEL VIII

ZEITENWENDE

„Von den Juden gibt es nur noch zwei, die im ganzen Land bekannt sind, Meyer Lansky und Moe Dalitz..“, meinte ein Chicagoer Gangster in einem vom FBI abgehörten Telefongespräch. Tatsächlich näherte sich die große Epoche der jüdischen Gangster nach dem zweiten Weltkrieg ihrem Ende. Berühmt-berüchtigte Vertreter wie „Dutch“ Schultz, „Bugsy“ Siegel oder „Lepke“ Buchalter lebten nicht mehr. Dort wo die ruchlosen Killer der *Murder Inc*. ihre Spuren hinterlassen hatten, etwa im jüdischen Viertel Brownsville, fand man kaum noch welche, die versuchten, in ihre Fußstapfen zu treten. Seit der Jahrhundertwende hatten die jüdischen Einwanderer nachhaltig an ihrer Sozialisierung gearbeitet. In den Vierzigern und Fünfzigern gehörten sie

längst zu den allgemein wohlhabenden Bevölkerungsschichten der USA. Die Möglichkeit, auch in einem legalen Dasein Wohlstand zu erlangen, hatte sich vervielfacht. Die Ghettos der Einwanderungszeit, den fatalen Nährboden der Kriminalität, hatten sie in ihrer breiten Masse hinter sich gelassen. Die bedeutenden jüdischen Gangster hatten sich nie um Nachfolger für ihre kriminellen Imperien gekümmert, das dynastische Denken der italienischen Crime Families war ihnen fremd. Die meisten jüdischen Gangster, sofern sie noch lebten, hatten noch mehr als ihre gesetzestreuen Landsleute ihren materiellen Wohlstand abgesichert, sie waren nicht mehr *„young and hungry"*.

Die Kefauver Hearings

Das Fernsehen war drauf und dran, die Haushalte zu erobern und Anfang der fünfziger Jahre, als von Einschaltquoten noch keine Rede war, gab es bereits den Fernsehhit schlechthin. Unter Leitung des demokratischen Senators Estes Kefauver bildete sich ein Komitee, das zwei Jahre lang die Machenschaften der organisierten Kriminalität untersuchen sollte. Die damit verbundenen öffentlichen Hearings brachten – diesmal via

Fernsehen – so ziemlich alles in die Wohnzimmer und Bars, was in der Unterwelt Rang und Namen hatte. Noch nie hatte sich eine Darstellung des Gangstertums so eindrucksvoll ins Gedächtnis der Bürger gebrannt. Die Bürger sahen, wie die Bosse vor dem Senatsausschuss Fragen beantworteten, und wie ihre Anwälte immer wieder die Mikrofone abdeckten, um mit ihnen Vertrauliches zu flüstern.

Es war erstmalig eine sehr direkte Konfrontation mit den Bossen, die man sonst höchstens aus der Presse kannte. Landesweit hörte man die röchelnde, leise Stimme von Frank Costello, der so sprach, weil er seit Kindheit unter einer verpfuschten Mandeloperation litt. Aber die Journalisten fanden, wonach sie suchten. *„Das Todesröcheln einer Möwe,"* nannte es ein Mediendramaturg, der unheimliche, bizarre Mythos der Mafia war leibhaftig geworden. Costellos Anwalt verlangte, die Kamera solle nicht das Gesicht seines Mandaten zeigen, also sah man im Fernsehen nur seine Hände, was der Sache noch mehr Düsternis verlieh. Bei den meisten Fragen entschlugen sich die Gangster der Aussage, um sich nicht selbst zu gefährden, was ihr ausdrückliches Recht nach dem Zusatzartikel war. Auch wenn die

Hearings wenig Greifbares zu Tage förderten, sie legten einige Verstrickungen zwischen Unterwelt und Politik bloß. Von den jüdischen Gangstern bekamen sie allgemein wenig zu hören. Jake „Greasy Thumb" Guzik, der Nachlaßverwalter von Al Capone entschlug sich der Aussage, ebenso wie Meyer Lansky, den man in Verkennung seiner wahren Position nur als Randfigur geladen hatte. Die große Show gehörte aber der inzwischen schon etwas gealterten, ehemaligen Siegel-Geliebten Virginia Hill. In einem nichtöffentlichen Hearing stellte man ihr nur allzu neugierige Fragen:

„Sie hatten Beziehungen mit vielen dieser Leute. Was glauben sie ist der Grund, warum ihnen diese Männer alle so viel Geld zukommen ließen?"
„Wollen sie das wirklich wissen?"
„Ja, das wollen wir wissen."
„Weil ich die verdammt beste Bettgefährtin („laydown") in ganz Amerika bin!"

Auch sonst war Virginia Hill ganz die Alte geblieben. Beim Verlassen des Saales rief sie den aufdringlichen Journalisten zu:

„Euch sollte eine Atombombe auf den Kopf fallen!" und verpasste einer Journalistin einen rechten Schwinger.

Bei einem Gespräch abseits der Hearings fragte Meyer Lansky Senator Kefauver, was er eigentlich bezwecke, schließlich sei bekannt, dass er selbst gerne am Glücksspiel teilnimmt. *„Wir haben nichts gegen das Glückspiel, Mr. Lansky,"* antwortete Kefauver, *„wir haben nur etwas dagegen, dass es von Leuten wie Ihnen kontrolliert wird."* Lansky war wütend, da er das für eine antisemitische Aussage hielt. Doch Kefauver hatte mit *„...Leuten wie Ihnen"* nur die Gangster im Allgemeinen gemeint.

Auch wenn die Kefauver Hearings viele Bosse ins unangenehme Rampenlicht gebracht hatten, die einschlägigen Geschäfte konnten sie nicht ernsthaft behindern. FBI-Boss Edgar G. Hoover geriet in Zugzwang, da er die Existenz eines nationalen Verbrechersyndikates stets heruntergespielt hatte. Nun erklärte er der Mafia öffentlich den Krieg. Doch die Erklärung selbst war dramatischer, als die Folgen. Lediglich Syndikatsboss Joe Adonis landete für zwei Jahre hinter Gittern.

„Die Kefauver –Hearings waren gute TV-Shows“, meinte der undurchsichtige amerikanische Unternehmer Earl Connors 1956, *„Einige wenige wanderten in den Knast. Als sie vorbei waren, starb das öffentliche Interesse. Kriminalität ist ein Teil unserer Kultur. Organisierte Kriminalität existiert nun schon eine ganze Weile. Kriminalität ist besser organisiert als unorganisiert. Denn die Bosse stecken Grenzen ab und unterwerfen Geschäfte ihrer Kontrolle. In jedem Fall gibt es nichts, was Sie, meine Herren, dagegen tun können – außer damit zu leben.“*

Der Ursupator

Nach dem Kubanischen Desaster kam es im Syndikat zu einer Polarisierung zwischen dem Genovese-Clan und der Achse Costello-Luciano-Lansky. Vito Genovese wollte Lucianos Exil in Italien nutzen, um ihn gänzlich seines Einflusses zu berauben. Frank Costello war nominell der Statthalter der Luciano-Familie und sein direkter Konkurrent auf dem Weg zur Macht. Das größte Hindernis war jedoch Alberto Anastasia, der notorische Killer, der dem Luciano-Kreis treu ergeben war. 1957 erlag Anastasia einem Attentat auf dem Rasierstuhl seines Friseurs, dessen Laden sich genau im gleichen Hotel befand, in dem 1926 der große Arnold Rothstein ermordet worden war. Im gleichen Jahr kam es zu einem Attentat auf Costello, doch Costello überlebte. Obwohl Lansky und Costello nicht minder ehrgeizige Machtmenschen waren, diese ungebührliche Form der Auseinandersetzung war nicht nach ihrem Geschmack. Sie hatten schon früher erkannt, dass Schiessereien ihren Geschäften abträglich waren. Also zogen sich beide nach und nach aus der Syndikatspolitik zurück und kümmerten sich mehr um ihre eigene Sache.

Das somit entstandene Vakuum kam Genoveses Vorstellungen sehr entgegen. Er wollte eine landesweite Großkonferenz der Bosse einberufen, wie es vor ihm schon der Alt-Mafiosi Salvatore Maranzano getan hatte, um sich zum Boss der Bosse zu krönen. Das Treffen sollte in der unauffälligen, verschlafenen Kleinstadt Apalachin im Bundesstaat New York stattfinden, in einem Haus von Genoveses Freunden, denn man wollte natürlich unter sich bleiben. Um so auffälliger erschien es den örtlichen Streifenpolizisten, als eines Tages ungewöhnlich protzige Limousinen mit fremden Nummernschildern durch die Ortschaft zogen. Man brauchte nur diese Limousinen zu verfolgen, um zu sehen, wo sie parkten. Schließlich stürmte ein verstärktes Polizeiaufgebot das Haus, wo man in die entsetzten Gesichter der Mafiabosse blickte. Es kam zu einer höchst uneleganten Hals-Über-Kopf-Flucht der Capos. Manche sprangen durch die Fenster, andere flüchteten durch den angrenzenden Wald. Die meisten wurden festgenommen und verhört, es war ein großer Tag für die Behörden. Auch wenn man die meisten Inhaftierten mangels brauchbarer Beweise wieder freisetzte, war das Apalachin-Treffen ein Desaster – und das Ende von Genoveses Machtstreben.

„Ich wäre niemals so ein verdammter Idiot gewesen, so eine Konferenz aller Bosse einzuberufen,“, bekannte später „Lucky“ Luciano nicht ganz ohne Schadenfreude, *„Wäre ich in den Staaten gewesen, hätte ich mich mit kleineren Gruppen an öffentlichen Orten getroffen, wie wir es früher in Atlantic City gemacht hatten* (Bootlegger Konferenz 1929*). Aber das war nicht Vito* (Genovese*). Sein Ego lechzte nach einem großen Treffen, mit allen um einen Tisch und jeder vor ihm katzenbuckelnd, als wäre er Maranzanos Messias. Ich glaube, er wollte zum König ausgerufen werden, denn Capo di tutti Capi war nicht imposant genug für den fetten, kleinen Bastard.“*

Andere Theorien sprechen davon, dass das Treffen schon zuvor an die Behörden verraten wurde. Die Achse Luciano-Lansky-Costello bediente sich nicht zum ersten Mal solcher Mittel. Es fand sich sogar ein Zeuge, der gegen Genovese in einer Rauschgiftsache aussagte und somit war das Apalachin-Treffen der letzte Tag, den Genovese auf freien Fuß verbrachte. In diesem Zusammenhang spielte möglicherweise Konferenzteilnehmer Carlo Gambino eine zentrale Rolle, denn er galt als heimlicher Verbündeter von Lanksy und Costello. Gambinos Clan sollte zu sich noch zur bedeutendsten Familie der Unterwelt entwickeln.

Mysteriöser Tod in New Jersey

Noch einer der bedeutenden jüdischen Gangster sollte Ende der fünfziger Jahre abtreten. Abner „Longy“ Zwillman, der gläubige *Kohen,* hatte sein Prohibitionsimperium aus New Jersey gekonnt in die neuen Zeiten herübergerettet und sich vor allem im Glücksspiel verankert. Er war Gast bei den großen New Yorker Konferenzen und lange unbestrittener Bestandteil des illegalen Establishments. Was ihm nach dem Zweiten Weltkrieg so zusetzte, waren die aufdringlichen Behörden, vor allem die Steuerfahndung. Zwillman zog sich immer mehr aus den Geschäften zurück, übergab seine Anteile nach und nach seinen italienischen Leutnants, um einen finanziell gut gepolsterten Lebensabend als Privatmann zu verbringen. 1959 fand man seinen toten Körper in seinem Zimmer an einem Galgen hängend. Wie in diesem Genre üblich, ranken sich wilde Spekulationen um die Ursache seines Todes. Abgesehen von Max „Boo Boo" Hoff, dem bereits erwähnten Prohibitionskönig von Philadelphia ist ein Selbstmord für das Gangstertum ein eher ungewöhnlicher Tod.

Auch Luciano wollte es nicht glauben: *„Niemand bringt sich um, nur wegen der Steuerfahndung."* Manche vermuten, es sei ein Komplott Vito Genoveses gewesen, der Zwillman zum Selbstmord gezwungen hätte. Neben dem Erhängten fand man eine halbleere Flasche Whisky. Manche Berichte behaupten, es sei Zwillmans Lieblingsmarke gewesen, andere sprechen von einem Bourbon, den Zwillman nie getrunken hätte. Gegen ein Unterweltkomplott spricht der Umstand, dass Zwillman zur Zeit seines Todes nicht mehr im „Geschäft" war, also bereits mehr oder weniger außer Konkurrenz stand. Eine andere Theorie geht davon aus, dass er im schwelenden Konflikt zwischen Genovese und der Achse Luciano-Costello-Lansky der letzteren Fraktion nahe stand, was für Genovese ein Motiv gewesen sein könnte. Man möchte annehmen, dass jemand, der wie Zwillman mit Brutalität und Härte sein Imperium errichtete, deswegen auch unsensibel oder nicht anfällig für Depressionen gewesen sein mag. Was dabei außer Acht gelassen wird, ist das Leitmotiv für die Karrieren vor allem der jüdischen Gangster, sich irgendwann materiell in der legalen Welt zu etablieren. Und möglicherweise auch die selbst nicht so ganz eingestandene Sehnsucht nach gesellschaftlicher Anerkennung in der Welt der angesehenen Bürger, die Zwillman und vielen anderen zeitlebens versagt blieb.

Das Dinosauriersterben

Ein toter Mann lag am 26.1.1962 auf dem Asphalt des Parkplatzes am Flughafen von Rom. Er trug einen maßgeschneiderten Blazer, graue Hosen, den Hemdkragen offen, die Krawatte gelockert. Jemand hatte einen giftgrünen Regenmantel über den Körper gestreift, doch das Gesicht blieb unbedeckt. Seit über einer Stunde richteten sich die gebrochenen Augen gegen den Nachthimmel.

So lange dauerte es, bis man die Verantwortlichen für einen Abtransport mit dem Leichenwagen gefunden hatte. Salvatore Lucania, alias Charles „Lucky" Luciano hatte einen Herzanfall erlitten. Erst als Leiche durfte er wieder in seine frühere Heimat zurückkehren. Er wurde auf dem St. Johns Friedhof von New York bestattet. In seinen letzten Jahren hatte Luciano aus der Schule geplaudert und den Autoren Gosch/Hammer angeblich sein ganzes Leben erzählt, was dann posthum im *„Last Testament of Lucky Luciano"* publiziert wurde. Die Authenzität dieses Werkes ist aber sehr umstritten, die auch hier verwendeten Zitate Lucianos entbehren jedenfalls nicht einer gewissen Originalität und Direktheit.

Virginia „Flamingo" Hill, die Ex-Geliebte von „Bugsy" Siegel war nach Europa ausgewandert, nachdem sie den österreichischen Schilehrer Hans Hauser in den USA geheiratet hatte. Dieser Ehe entstammte ein Sohn. Vermutlich war es ihr Hang zu den Drogen, der ihr zu schaffen machte. Sie besuchte regelmäßig alpenländische Naturheilerinnen. 1966 fand man die tote Gangsterbraut auf einem Schneegletscher am Heuberg in Salzburg, sie hatte sich im Alter von 50 Jahren durch eine

Überdosis Schlafmittel das Leben genommen. Ihr Ehemann beging 1974 ebenfalls Selbstmord. 1995 starb ihr Sohn bei einem Autounfall in Frankreich. „*Er wurde wie seine Eltern in den Tod getrieben*“, trompetete die Salzburger Ausgabe der „Kronen Zeitung“ frei aus der Gerüchteküche. Der düstere Mythos der Mafia liess Virginia und ihre Angehörigen selbst posthum nicht zur Ruhe kommen.

1967 starb Lucianos letzter großer Widersacher Vito Genovese im Gefängnis. Frank Costello, der *„Premierminister der Unterwelt“,* hatte sich nach dem missglückten Attentat durch Genoveses Killer gänzlich ins Privatleben zurückgezogen und starb 1973 eines natürlichen Todes. Das Geschick des Syndikates lag jetzt in den Händen von Carlo Gambino, dessen Clan aus der alten Luciano-Familie hervorgegangen war, Michele Miranda, Tommy Eboli und Joseph Colombo. Diesen Schluss zog man bei den Behörden, als man 1966 in das Hinterzimmer eines Restaurants stürmte und dort die erwähnten Herren inmitten riesiger Mengen Antipasti erwischte. Die Sitzordnung dieses „La Stella-Meetings“ war genauso formell, als hätte es der Protokollchef des State Department arrangiert.

.Joseph „Doc“ Stacher, der alte Kampfgefährte Meyer Lanskys, der schon in der legendären „Bugs-Meyer-Gang“ der Zwanziger Jahre gedient hatte, und später für Lansky die Kasinos in Kuba und Las Vegas verwaltete, emigrierte 1971 nach Israel, wo er 1977 an Krebs verstarb. Erst 1989 beendete Las-Vegas-Pate Moe Dalitz sein Leben im hohen Alter von 90 Jahren in einem Spitalsbett und sollte somit der letzte der großen jüdischen Gangster sein.

Der Gejagte

Gegen Ende der sechziger Jahre wurde den Bundesbehörden nach und nach klar, was es mit Meyer Lansky wirklich auf sich hatte. Seine zeitlebens bewusst geführte Schattenexistenz und seine vergleichsweise geringe Publizität schwanden immer mehr. Gemessen an seiner Bedeutung hatte man ihm nichts wirklich Relevantes nachweisen können. Nun wollte man scheinbar alles nachholen. Die Behörden entwickelten einen fast schon zwanghaften Ehrgeiz, ihn dingfest zu machen. Er wurde beschattet, es kam zu Hausdurchsuchungen, Telefongespräche wurden abgehört und der alte Mann hatte keinen Frieden mehr.

Er hatte Florida, das klassische Pensionistenparadies der USA, zum Domizil gewählt, um dort seinen Lebensabend als Privatier zu verbringen. Man sah ihn, wie er mit seinem Hund spazieren ging, und mit ein paar alten Freunden beim Kartentisch saß. 1970 floh Lansky nach Israel, um dem Druck der Behörden zu entkommen. Er reiste als Tourist ein und beantragte die israelische Staatsbürgerschaft. Die israelischen Medien meinten, *„er möchte uns ein Angebot machen, das wir nicht abschlagen können“* (Ein Spruch aus „Der Pate“, der die Geschäftspraktiken der Mafia charakterisiert). Er wurde mit der Mafia assoziiert und erregte in der Heimat der Juden deutlich mehr Aufsehen, als sein Freund Doc Stacher.

In der Zeit von Lanskys Israel-Aufenthalt gingen die wildesten Gerüchte um. Als man in den nördlichen Bergen die zerstückelte Leiche eines israelischen Kleinkriminellen in einem Wäschesack fand, hieß es, er hätte den wahnwitzigen Plan gehabt, Lansky gegen Lösegeld zu entführen. Lanskys Antrag auf Einbürgerung wurde vom israelischen Höchstgericht abgewiesen. Vermutlich gab es politische Gründe. Israel benötigte dringend die versprochenen amerikanischen Kampfflugzeuge. Eine

Einbürgerung Lanskys hätte ihn der Verfolgung der US-Behörden entzogen und zu schweren Verstimmungen mit den USA geführt. Die Behauptung offizieller Vertreter der US-Regierung, Lansky hätte sich nicht aus dem Geschäft zurückgezogen und suche in Israel nur eine neue Basis dafür, führte zur Verunsicherung bei Israels Verantwortlichen. 1972 musste Lansky Israel verlassen und in die USA zurückkehren.

Andere Quellen sehen Lansky als Opfer der Rivalitäten in der israelischen Innenpolitik. Während sein Freund Benjamin Siegel früher die der Arbeiterpartei nahestehende *Haganna* finanziell unterstützt hatte, war Lansky ein Förderer der *Irgun*, die dem Liqud-Block unter Menachem Begin nahe stand. Weder Siegel noch Lansky waren ausgeprägt politische Menschen, es dürfte sich dabei eher um eine salomonische Lösung gehandelt haben. Dennoch hatte die Regierung unter Golda Meir möglicherweise Bedenken, Lansky könnte den Liqud-Block, also die „Revisionisten" mit seinem Finanzimperium sponsern. Seine Bemühungen um politisches Asyl in Südamerikanischen Ländern blieben ebenso vergeblich, in dieser Hemisphäre war der Einfluss der US-Regierung tatsächlich massiv. 1973 unterzog er sich in Miami einer schweren Herzoperation.

1980 verstarb er im Alter von 81 Jahren, seinen alten Freund Luciano hatte um fast 20 Jahre überlebt. Lucianos System des organisierten Verbrechen funktionierte weiter, seine Methode war das Handwerkliche, das Geschäftliche, das die Einkünfte sicherte und somit die Bosse an die Struktur des Syndikates band. Lanksy selbst hatte in seinen späteren Interviews immer wieder gemeint, seine Rolle in der Sache werde maßlos hochgespielt. Dennoch sind sich viele darüber einig – soweit es den Hintergrund und die strategische Architektur des Syndikates betrifft – da war Meyer Lansky wohl der wahre „*Godfather*" der amerikanischen Mafia.

EPILOG

Erst 1986 konnte eine hochoffizielle Bestätigung über die tatsächliche Existenz einer Mafia erbracht werden, als einige Anwälte der Bosse vor Gericht gestanden, dass ihre früheren Mandanten einer solchen Organisation angehörten. Man versteht unter „Mafia" im Allgemeinen immer noch eine Organisation, die von rein italienischen Akteuren besetzt ist. Und das gab dem Begriff den Beigeschmack der ethnischen Diffamierung, denn die italienische Mafia, so die Kritik, konnte nur als Teil des Gesamtkomplexes „organisierte Kriminalität" verstanden werden, was auch für die großen jüdischen Gangster gelten sollte. Grob gesehen kann man heute auch in den USA von einer multiethnischen Kriminalität sprechen. Sei es die Russenmafia, die chinesischen Triaden, die japanischen Yakuza, das kolumbianische Kartell oder andere, sie mischen alle mit und in vielen Fällen bilden sie untereinander auch Partnerschaften im beiderseitigen Geschäftsinteresse. Die Einbindung anderer ethnischer Gruppierungen erfolgte bereits im Zeitalter der jüdischen Bosse. Die Hispanischen Einwanderer oder die Schwarzen in Harlem/New York nahmen die Plätze der sozialen Underdogs ein. Sie fungierten in ihren Wohngegenden als Franchisenehmer der Syndikatsbosse. Sie betrieben die Wettbüros und Bordelle und bildeten das unterste Glied in der Kette des Drogenhandels. Auf der Straße, wo Kriminalität greifbar wurde, dort sah man nie einen der bedeutenden italienischen oder jüdischen Bosse. Der Hauptanteil der Gewinne floss jedoch über verwinkelte Kanäle in ihre Kassen.

Die Geschichte des organisierten Verbrechens im 20. Jahrhundert ist oberflächlich betrachtet eine Geschichte der Niederlagen. Beginnend mit den Aktivitäten von Thomas. E. Dewey, dem ehrgeizigen Crime fighter, der Dutch Schultz kaltstellte, Louis Lepke auf den elektrischen Stuhl brachte, die Verhaftung „Lucky" Lucianos bewirkte, über die Zerschlagung der Murder Inc., später das Kuba-Debakel und die desaströs endende Konferenz in Apalachin, doch alles das konnte diese Entwicklung nur behindern, nicht aufhalten.

In den 80ern und 90ern, wo die modernen Überwachungstechniken des FBI eine Schattenexistenz nach Facon von Meyer Lansky immer schwieriger machten, wurden zahlreiche italienische Bosse verhaftet. Bald war es so, dass kaum einer von ihnen einen Boss-aller-Bosse-Titel noch erstrebenswert fand, denn wer als solcher galt, dem gab man höchstens eine „Laufzeit“ von 2-3 Jahren, ehe er im Gefängnis landete. Worin lag der Grund, dass sich unter solchen Umständen dennoch immer wieder Leute fanden, die einen Spitzenrang in der Branche anstrebten?

Ein Ex-Polizist beschrieb es nach Darstellung von Autor Sid Zion so: *„Diese Individuen haben eine Mentalität, die uns völlig fremd ist, unsere Mentalität ist dem, was für sie normal ist, völlig fremd. Wir stehen jeden Morgen auf, gehen in unsere Arbeit, ziehen unsere 40 Stunden durch; wir kommen unseren Verpflichtungen nach – eben diese ganze bürgerliche Chose.*

Für sie sind wir jämmerliche Opfer, Gefangene einer trostlosen Existenz. Ihr Ding ist, spät aufzustehen, einen großen Schlitten zu fahren, sich von niemanden herumkommandieren zu lassen oder Rechenschaft geben zu müssen. John Gotti (Mafiaboss der 80er Jahre) *sitzt in Einzelhaft. Würden wir ihn fragen: Hey, du bist 50 Jahre alt und sitzt für den Rest deines Lebens im Gefängnis, war es das wert, wie ein Mobster zu leben und der Boss einer der größten Familien zu sein? Ich bin todsicher, er würde antworten, jede Minute davon war es wert."*

Auch die, die keine Bosse waren, die zahlreichen Handlanger, fanden ihre Daseinsphilosophie: *„Ein Wiseguy kann heute 1,5 Mio. Dollar abgestaubt haben und nächsten Monat pleite sein – alles verspielt, versoffen, verhurt. Wir sind nicht gerade die Leute mit dem Sparbuch,"* erklärte der 26-fache Mörder und Ex-Gangster Benjamin „Lefty" Ruggiero vor einem Senatsausschuss.

Was den Mob dazu brachte, sich trotz Rückschlägen immer wieder neu zu regenerieren, waren aber nicht nur die persönlichen Motive der Akteure. Der Mob hatte parasitären Charakter, er fand seine Marktnischen in der Gesellschaft. John Miller, Sprecher des

NY Police Departments interpretierte es so: *„Es gäbe keinen Mob, würde er nicht Bedürfnisse der legalen Gesellschaft befriedigen. Er bedient alle möglichen Bevölkerungsschichten. Der Mob arbeitet. Erst durch ihn funktionieren bestimmte Institutionen und Geschäftszweige, allerdings in Unterweltmanier.“* Oder vereinfacht, wie es Hank Messick in seinem Edgar J. Hoover-Porträt darstellt: *„Der Mob ist dort, wo das Geld ist,“*

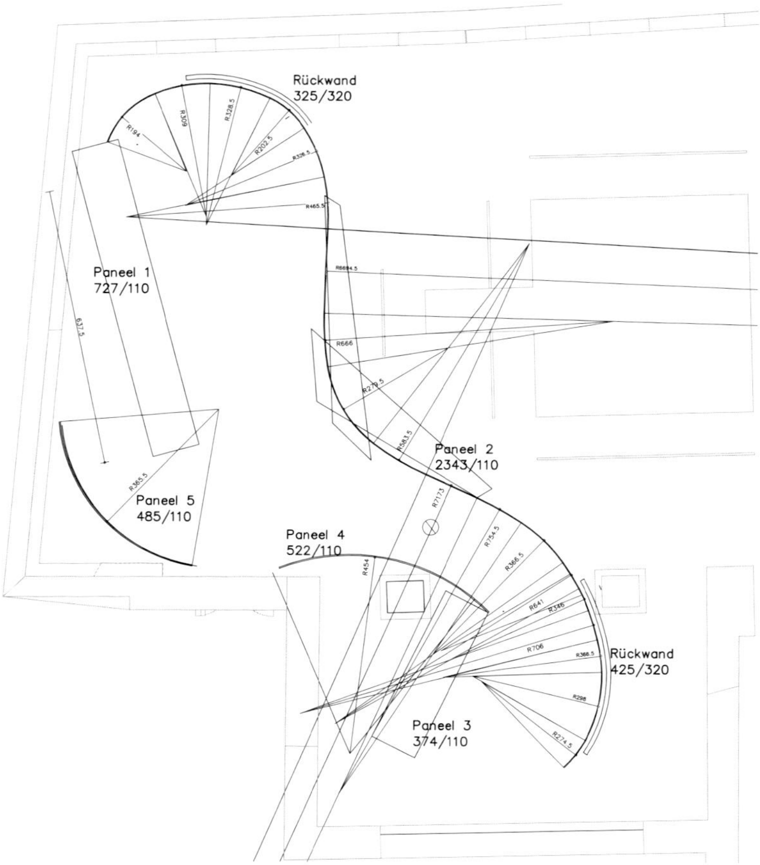

Rückwand
325/320
R194
R309
R328.5
R202.5
R326.5
R465.5
Paneel 1
727/110
637.5
R6694.5
R666
R279.5
R583.5
Paneel 2
2343/110
R365.5
Paneel 5
485/110
R7173
Paneel 4
522/110
R454
R754.5
R366.5
R641
R346
R706
R366.5
Rückwand
425/320
R298
R274.5
Paneel 3
374/110

Ausstellungsarchitektur: Alexander Kubik

KAPITEL IX

GANGSTER PORTRAITS A-Z

Louis ACHTMAN

Purple Gang, Detroit, Michigan

32562.....Louis Achtman. Age 34---1928, Height 5-6½. Weight 166#. Eyes Gray Blue. Hair Black. Complexion Dark. Build Medium. Has been arrested for Extortion, Violating the Prohibition Laws and for Investigation of Arson. He is not in jail at this time.........10-29-32.

b 1894

Harry “Nigger Hymie” ALTMAN

Purple Gang, Detroit, Michigan

28453....HYMIE ALTMAN alias HARRY ALTMAN alias Nigger Hymie alias JEW ALTMAN. Age 22---1926. Height 5-7. Weight 166 Plus. Eyes Hazel. Hair Dark Brown. Complexion Dark. Build Medium Stout. This man has been arrested by the Detroit Police on charges of Violating Immigration Laws, Investigation, Robbery armed, Violating the U.S. Prohibition Laws, Copyright Laws Extortion and Murder. He is not in jail at this time.10-20-32

b 1908

Louis "Pretty" AMBERG

Racketeer and Killer, New York

One of the most feared gangsters in the Jewish neighborhoods of Brooklyn. He is believed to have murdered at last 100 people. Amberg expanded also into laundry racket, where some insist, he just did this for having a supply of laundry bags for all his stiffs. It is a fact that laundry bags stuffed with corpses started littering the streets of Brooklyn this time. On October 23, 1935 (the same day Dutch Schultz was murdered) his body was found in a burning car in Brooklyn.

b 1897 – d 1935

Moses L. "Moe" ANNENBERG
Gambling Information Czar, Chicago

Annenberg was hauled up for income tax evasion. In 1939 he and his only son Walter were indicted. Along with interest and penalties, Moe's unpaid taxes came to $9.5 million. He got a three-year prison term and handed the government $9.5 million in settlement.

b 1878 – d 1942

Marvin APLER
North-Side Gang, Chicago

Bugs Moran associate. Active in the 1920's.

Abraham "Abe" AXLER

Purple Gang, Detroit, Michigan

29655....HARRY LEVINE alias SAM AXLER alias ABE AXLER alias ABE GOLD. Age 25---1927. Height 5-4. Weight 125#. Eyes Hazel. Hair Brown Black. Complexion Dark. Build Slim. This man has served a term in Sing Sing prison for Burglary. Also served a term in the U.S. Pentr'y at Leavensworth, Kas. on a prohibition case.

b 1901 – d 1933

He has a long record of arrests for Disordley Person, Robbery Armed, Murder, and Grand Larceny. He was tried in the Collingwood ave Masacre Murder but was not convicted. He is not doing any time...10-11-32

Otto "Abbadabba" BERMAN
(Jakow BIEDERMANN)
Dutch Schultz Policy Game Fixer, New York

Known as mathematical "magician". He worked out a system whereby aides could pour money in on some races to manipulate the payoff number.

b 1885 – d 1935

Abraham "Abe" BERNSTEIN

Purple Gang Leader, Detroit, Michigan

14861....ABE BURNSTEIN. Age 26---1920. Height 5-5 7/8. Weight 160. Eyes Hazel Slate. Hair Dark Brown. Complexion Sallow. Build Medium Stout. This man has been arrested by the Detroit police on charges of Gambling, Disordley Person, Murder and Extortion. He admitted shooting one Marty Levey at 10 West Columbia St. Detroit,Mich, Nov.17, 1920. but he was Acquitted in Court. He is not known to be in jail at this time...10-12-32

b 1894 – d 1968

Isidore "Izzy" BERNSTEIN

Purple Gang, Detroit, Michigan

31571....ISADORE BURNSTEIN. Age 19---1927. Height 5-5. Weight 136#. Eyes Hazel. Hair Dark Brown. Complexion Medium Dark. Build Slim. Arrested by the Detroit Police on charges of Gambling, Carrying Concealed Weapons, Investigation for Throwing Stench Bombs and Robbery Armed. He is not known to be doing any time...10-12-32

b 1908

Joseph "Joey" BERNSTEIN
Purple Gang, Detroit, Michigan

14498....JOE BURNSTEIN. Age 20---1920. Height 5-4 7/8. Weight 129. Eyes Violet Blue. Hair Dark Brown. Complexion Medium. Build Medium Slim. This man has been arrested by the Detroit Police on charges of Grand Larceny, Carrying Concealed Weapons, Robbery Armed, Polonious Assault and also Violating the Interstate Commerce Law. He is not known to be in jail this time 10-12-32

b 1900

Raymond "Ray" BERNSTEIN

Purple Gang, Detroit, Michigan

28545....RAYMOND BURNSTEIN. Age 23---1926. Height 5-6 3/8. Weight 135. Eyes Blue. Hair Dark Brown. Complexion Dark. Build Slim. He has been arrested by the Detroit Police on charges of Robbery Armed, Murder and Extortion. He is now serving a Life sentence in Marquette Prison for the Collingwood ave Masacre, of Sept. 1931 10-12-32

b 1903 – d 1966

Willie Morris "Willie Nelson" BIOFF

Extortionist, Racketeer, Arizona

Sentenced to 10 years for violation of racketeering laws in 1941, Bioff agreed to testify against many top leaders of the Chicago Syndicate, and went later to Phoenix, Arizona under the name of William Nelson. November 4, 1955 he was killed by an explosion when he stepped on the starter of his pickup truck.

b 1900 – d 1955

Charlie BIRGER
(Schachnai Itzik BIRGER)
Birger Gang Leader, South Illinois

Called himself the „protector of Harrisburg". His establishment Shady Rest offered bootleg, gambling cock fights and dog fights. Birger was arrested for the murder of Joe Adams on April 29, 1927 and he was tried for murder in Franklin County. He was the last man to die on the gallows in the state of Illinois.

b 1881 – d 1928

Isadore "Kid Cann" BLUMENFELD

Godfather of the Minneapolis Syndicate

Born in Rumnesk, Romania, brought to America at the age of two. Involved in bootlegging, pimping, labor racketeering, stock fraud, money laundering and shady real estate deals. Suspected of of involvement in at last five murders, including three journalists who had written exposees of his activities. Convicted in prostitution charges in 1959. Moved to Miami Beach after his release.

b 1901 – d 1981

Samuel "Sam" BRONFMAN

Liquor Manufacturer, Canada

Selling liqour during the prohibition, but kept his operation within the law and its loopholes as he supplied American bootleggers. When he died he was a billionaire in control of the world's largest distillery, the Seagram whiskey empire.

b 1891 – d 1971

Louis "Lepke" BUCHALTER

Syndicate Leader, New York

LOUIS BUCHALTER with aliases: "Lepke" Louis Buckhouse, Louis Buckhalter, Louis Kawer, Louis Cohen, Louis Buckalter. Description: Age 40 years (born February 12, 1897, in New York City); Race White. Jewish; Height 5' 5"; Weight 160 lbs; Build medium; Hair dark brown or black; Eyes brown; Complexion dark;

b 1897 – d 1944

Peculiarities: nose large, rather straight and blunt .. ears prominent .. eyes alert and shifting; marital status, married - one son; fingerprint classification:
25 11 17.
27 0
Was electrocuted in Sing Sing prison March 4, 1944

Nathan "Kid Dropper" CAPLIN

Labor racketeer King, New York

Nathan Caplin dominated all the labor slugging rackets in the city, working at times for the employers of the unions and sometimes for both at the same time. August 1923 Kid Dropper was seized on a concealed weapon charge and hauled into the Essex Market Court. While being transferred to another court and entering the police car he was shot through the windshield.

b 1891 – d 1923

Meyer Harris "Mickey" COHEN

Los Angeles Syndicate

A trusted friend of Benjamin Siegel, who took over the West Coast syndicate operations after Siegel's death: gambling, vice, protection and all the other revenue streams of the mob. Loud, coarse and obnoxious. Over the course of his career, he was shot at, bombed, arrested, imprisoned on tax evasion charges, and finally lived out his life as a sort of retired dean of the godfathers until his death at home in 1976.

b 1913 - d 1976

Sam "Purple" Cohen

Oakland Sugar House Gang, Michigan
Purple Gang, Detroit, Michigan

11663....SAM PURPLE alias GEORGE COHEN. Age 19---1919. Height 5-7 5/8. Weight 166#. Eyes Grey Blue. Hair Brown. Complexion Florid. Build Medium Stout. This man was arrested by the Detroit Police on charges of Carrying Concealed Weapons (he got 3 years probation that time) Uttering and Publishing (he got 3 to 14 years in Ionia that time).

b 1900

He also was arrested on a charge of violating the U.S.
prohibition Law, and was turned over to the U.S.Marshall.
He is now WANTED by this department on a charge of Murder
.....10-12-32

Roy Marcus COHN

Attorney, Mouthpiece for the Mob, New York

Cohn became assistant U.S. attorney for subversive activities in his early 20s. The chief counsel to McCarthy's Communist-hunting U.S. Senate subcommittee and much-sought advocate led a no-holds-barred vendetta against Bobby Kennedy, and gave lavish parties for his famous clients and friends, including J. Edgar hoover, Ronald and Nancy Reagan, Rupert Murdoch, Donald Trump and the Mafia. Died of AIDS.

b 1927 – d 1986

Morris Barney "Moe" DALITZ

Detroit, Cleveland, Las Vegas Kingpin

FBI No. 4124252...MORRIS BARNEY DALITZ. Born December 24, 1899, Boston, Massachusetts. Height 5'9". Weight 170 lbs. Hair Dark Brown. Eyes Brown. Complexion Ruddy. Teeth Good. Nationality American Jewish extraction. Marital Status Married.

b 1899 – d 1989

The FBI investigated Moe Daltz for racketeering, bank fraud and numerous other criminal activities. Throughout the 1940s he expanded his interests in gambling operations in Ohio, Kentucky and Florida. He later moved to Las Vegas acquiring interests in hotel properties. He was indicted on federal tax evasion charges in 1968; the charges against him ultimately were dismissed.

Sam "Gorilla" DAVIS

Purple Gang, Detroit, Michigan

27718....SAM DAVIS alias THE GORILLA. Age 18---1926. Height 5-1. Weight 101#. Eyes Hazel. Hair Light Brown. Complexion Florid. Build Medium Slim. This man has been arrested by the Detroit Police on charges of Violating the U.S.Codes, Robbery Armed, Extortion and Carrying Concealed Weapons. He is now BADLY WANTED by the Detroit Police Department on a charge of Murder. He is said to have killed one Harry Gold in Detroit,Mich. on the Night of Feb.17.1932. Wanted 10-12-32

b 1908

Monk EASTMAN
(Edward OSTERMAN)
The Eastmans Gang Leader, New York

Born in Brooklyn under the name of Edward Osterman. Alias: Joseph Morris, William Delaney, Edward Delaney. Monk's outfit usually consisted of a derby hat several sizes to small, a blackjack tucked into his pants, open shirts, and brass knuckles adorning each hand. He was killed in front of the Blue Bird Cafe on December 26, 1920 by Jerry Bohan.

b 1873 – d 1920

John "Jake the Barber" FACTOR
(Jakow FACTROWITZ)
Conman, Swindler, Chicagos frontman in Las Vegas

"Jake the Barber" is notorious for having been kidnapped by the ROGER TOUHY gang in 1933 for which TOUHY was sentenced to prison. In 1943 FACTOR was sentenced to 10 years and fined $10.000.00 for mail fraud involving $1.000.000.00 swindle in worthless warehouse receipts for whiskey.

b 1897 – d 1984

Benjamin "Dopey Benny" FEIN

Gang Leader, New York, Labor Union racketeer

A mobster that is credited with playing a pioneering role in organising labor racketeering into an organised business. His approach to Racketeering was ordered, and he established a system of fee schedules, mob territories and even written Contracts for the business. Active 1910-1915.

b 1891

Louis "Fleish" FLEISHER

Purple Gang, Detroit, Michigan

27717....LOUIS FLAISHER alias FLAISH alias LOUIS FLEISHER alias Fleish. Age 21---1926. Height 5-10 ½. Weight 145#. Eyes Gray Blue. Hair Dark Brown. Complexion Medium. Build Slim. This man has been arrested by the Detroit Police on charges of Disturbing the Peace, Carrying Concealed Weapons (2 years probation on that charge) Carrying Concealed Weapons again(Fined $500 or 90 days on that charge) Received Stolen Property, Robbery Armed and Murder.

b 1904 – d 1964

He is now serving a sentence of 10 years in the U.S.Pentr'y at Leavensworth,Kas. from the Federal Court Detroit, Mich. on a charge of Theft-interstate Shipment 10-12-32

Edward "Honey Boy" FLETCHER

Purple Gang, Detroit, Michigan

28544....EDWARD FLETCHER. Age 25---1926. Height 5-2. Weight 122. Eyes Hazel. Hair Dark Brown. Complexion Dark. Build Slim. This man was arrested by the Detroit Police on charges of police Witness, Robbery Armed, Murder and Violating the U.S.Code.

b 1898 – d 1933

He was sentenced to serve 1 year and 10 months and pay a fine of $5,000. in Leavensworth,Kas. in the Federal Court Detroit,Mich. on charge of Conspiracy to Violate the United States Prohibition Laws. He is not in jail at this time 10-11-32

Samuel "Sam Goldie" GOLDFARB

Purple Gang, Detroit, Michigan

24243....SAMUEL GOLDFARB. Age 23---1925. Height 5-3¼. Weight 123#. Eyes Hazel. Hair Dark Brown. Complexion Dark. Build Slim. Has been arrested by the Detroit Police on charges of Robbery Armed, Violating the Prohibition Laws and Disordley Person. He is not doing any time as far as we know 10-20-32

b 1902

Martin "Buggsy" GOLDSTEIN

Murder Inc. Hitman, Killer, New York

One of the execution cartel's top killers. He and his childhood friend Abe Reles worked for the Shapiro Brothers when they were teenagers. Died on the electric chair in Sing-Sing prison June 12, 1941, because of the testimony of Reles.

b 1906 – d 1941

Jack "Greasy Thumb" GUZIK

Al Capone's financial wizard, Chicago

Got his start in crime as a white slaver. Guzik, along with his brother and sister-in-law, enticed farm girls to come to the big city for a promising "career". When the girls arrived, the Guziks raped them, got them hooked on nacrcotics, then sold them to the whoremasters in Chicago. Became Al Capones right-hand man and bookkeeper. After Capone's end one of the National syndicate bosses. Died of a heart attack February 2, 1956.

b 1886 – d 1956

Max "Boo Boo" HOFF

King of Philadelphia's bootleggers

Born in South Philadelphia as son of Russian-Jewish immigrants. Hoff had the largest stable of boxing prizefighters in the nation which became Max Hoff Inc. in 1928. He never smoke or drank. For his bootlegging operation he wasn't indicted as he avoided signing any document connected to the undercover operations. He died April 27, 1941 at home of a heart ailment.

b 1893 – d 1941

Harry "Gyp the Blood" HOROWITZ
Bouncer, Hitman, Murderer, New York

Height 5'3". Weight 135 lbs. Horowitz led the Lennox Avenue Gang, a violent group of muggers, sluggers, bombers and killers that terrorized the area around 125th street. He was electrocuted on April 13, 1914.

b 1889 – d 1914

Samuel "Sam" KERT
Bootlegger, Purple Gang Associate, Detroit, Michigan

Associate of Sammy Purple Cohen, the founder of the Purple Gang, Detroit. Both known as the "two Sammies".

b 1899

Harry KEYWELL
Purple Gang, Detroit, Michigan

31293....HARRY KEYWELL. Age 19---1927. Height 5-7½. Weight 125. Eyes Hazel. Hair Dark Brown. Complexion Medium Dark. Build Slim. This man is now serving a Life sentence in Marquette prison for the Collingwood Ave Masacre. This murder took place Sep.18,1931 ...10-11-32

b 1908

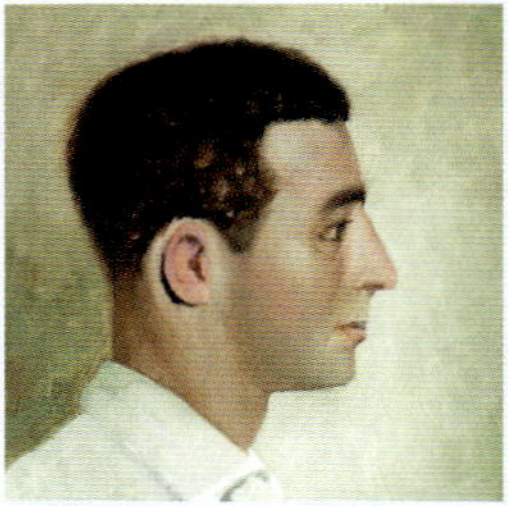

Phillip "Phil" KEYWELL

Purple Gang, Detroit, Michigan

27946....PHILLIP KEYWELL. Age 25---1926. Height 5-8 1/8. Weight 148#. Eyes Hazel. Hair Dark Brown. Complexion Dark. Build Slim. This man has a long record of arrests by the Detroit Police on charges of Grand Larceny, Robbery Armed, Assault with intent to Kill, Fugitive, Kidnapping and Murder.

Age 26

Age 62

b 1901

He is now serving a Life sentence in Jackson Prison,having been sentenced by Judge Cotter on Oct.10.1930 for the Murder of a Colored Boy who found some liqour that had been planted by Keywell and some of his Gang ..10-12-32

Morris "Moe" KLEINMAN
Cleveland, Las Vegas

FBI No. 731237.....Morris KLEINMAN born September 19, 1897, at Cleveland, Ohio. Height 5' 7½". Weight 175 lbs. Hair Gray. Eyes Hazel. Complexion Ruddy. Formerly a millionaire rum runner and owner of large gambling clubs in and around Cleveland, Ohio. Business is listed in 1950 as Real Estate, 12701 Shaker Boulevard, Cleveland.

b 1897

KLEINMAN was arrested November 27, 1933, by the U.S. Marshall, Cleveland, No. 1269, and convicted of income tax evasion, receiving a sentence of four years plus a $15,000.00 fine and $175.90 costs.
He was paroled September 1, 1936

Martin "Marty" KROMPIER
Numbers Racketeer, New York

Krompier was Dutch Schultz's chief enforcer of the Harlem numbers racket and kept the policy bankers in line. Survived an attack in a Manhattan barbershop October 23, 1935, with four bullets in his body.

William "Willie" LAKS
Purple Gang, Detroit, Michigan

31946....WILLIE LAKS alias WILLIAM STEIN. Age 47---1928. Height 5-7¼. Weight 155#. Eyes Blue. Hair Dark Brown and Gray. Complexion Dark. Build Slim. This man did a 5 year stretch in Leavensworth on Narcotic Act. Has been arrested for murder, and is now WANTED ON CHARGE OF NARCOTICS BY THE DETROIT POLICE DEPARTMENT 10-19-32

b 1881

Abraham "Misfits" LANDAU

Dutch Schultz's bodyguard, Strongarm, New York

Was shot along with Dutch Schultz and two other gang members in the Palace Chophouse in Newark, New Jersey October 23, 1935.

b 1895 – d 1935

Jacob "Jake" LANSKY

Meyer's Brother

Operated the National Casino in Haban, Cuba as floor manager for the public, but it was understood that he and his brother owned major part of the casino and had under their managment a number of technicians from Las Vegas.

b 1904 – d 1983

Meyer "Little Man" LANSKY
Founder of the American National Syndicate

Meyer Lansky, born as Maier Suchowljansky in Grodno, Poland. He was the godfather of the national crime syndicate, the parent organization of what became the American Mafia. He worked closely with Lucky Luciano. In December 1974, the federal government gave up it's efforts to put the then 72-year-old legend behind bars.

b 1902 – d 1983

Harry "Big Jack Zelig" LEFKOWITZ

Gambler, Gang Leader, New York

One of the most notorious and feared criminals on the Lower East side. Zelig shot and killed the Italian gangster Julie Morello. For the killing of Herman "Beansie" Rosenthal he was put on trial but was shot dead the night before the trial was to begin October 5, 1912.

b 1888 – d 1912

Charlie LEITER

Oakland Sugar House Gang, Michigan
Purple Gang, Detroit, Michigan

32563....CHARLES LEITER. Age 33---1928. Height 5-9. Weight 199. Eyes Hazel. Hair Dark Brown. Complexion Dark. Build Med. Has been in or Extortion and Grand Larceny. He is not in at this time and is wanted by the U.S.Immigrataion Authorities for Questioning
...... 10-19-32

b 1895

Samuel "Red" LEVINE

Hitman, Killer, New York

"Bugsy" Siegel associate. Widely known as stone-cold killer that dressed well and killed for money. Strong orthodox Jew who did not commit any murder on a Sabbath.

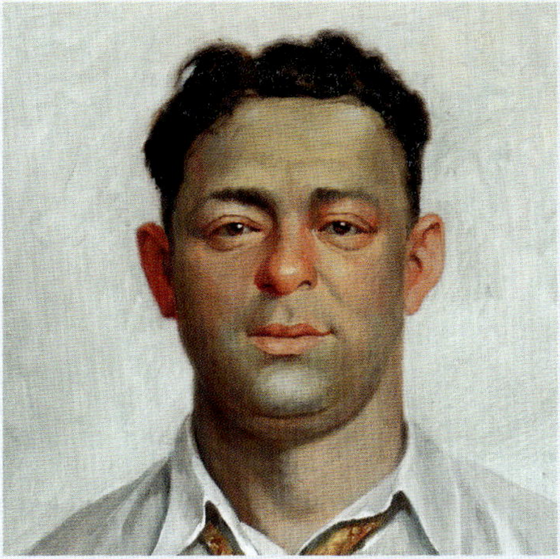

Jacob LEVITES
Purple Gang, Detroit, Michigan

32563....JACOB LEVITES. Age 40---1928. Height 5-6 1/8. Weight 127#. Eyes Gray. Hair Gray Mixed. Complexion Dark. Build Slim. Has been arrested by the Detroit Police on charges of Extortion and Disorderley Person. He is now wanted for questioning by the U.S.Immigration Authorities...... 10-19-32

b 1888

Jules "The Commissar" MARTIN
(Julius MODIGLIEWSKY)
Dutch Schultz Gang, New York

Restaurant racketeer. He was killed by Durch Schultz in March 1935 because of missing $70.000 from the restaurant association's bank accounts.

b 1903 – d 1935

Irving MILBERG
Purple Gang, Detroit, Michigan

28547....IRVING MILBERG. Age 23---1926. Height 5-7 1/8. Weight 150. Eyes Hazel. Hair Brown. Complexion Fair. Build Slim. This man is now serving a Life sentence in Marquette Prison for the Collingwood ave Masacre, this murder happened Sept.18,1931
...... 10-11-32

b 1903 – d 1938

Harry "Lucky" MILLMAN
Purple Gang, Detroit, Michigan

31897.....HARRY MILLMAN. Age 18---1928. Height 5-7 1/8. Weight 135#. Eyes Blue. Hair Dark Brown. Complexion Dark. Build Slim. This man has been arrested by the Detroit Police on charges of Robbery Armed, Extortion, Kidnapping, Violating the Prohibition Laws, Carrying Concealed Weapons and also Hi-Jacking. He is not known to be in jail at this time 10-20-32

b 1911 – d 1937

Samuel "Sammy" MILLMAN

Purple Gang, Detroit, Michigan

Older brother of Harry "Lucky" Millman.

Samuel Joseph "Nails" MORTON

Chicago Mobster, Senior member North-Side Gang

"Nails" together with irish Dion "Deanie" O'Banion founded the Northside gang which was the only opposition to the Capone mob. Morton was killed by a horse who threw him off the saddle while riding in Lincoln Park, Chicago.

b 1885 – d 1923

Jacob "Little Augie" ORGEN
Labor Racketeer, Gang Leader, New York

One of the last big-time, pre-syndicate jewish mobsters. He organized his own gang, called the Little Augies and made his way up as a labor slugger for "Dopey Benny" Fein. Orgen was murdered October 1927.

b 1894 – d 1927

Louis RAPAPORT

Purple Gang, Detroit, Michigan

32613.....LOUIS RAPAPORT. Age 32---1928. Height 5-10 7/8. Weight 195. Eyes Violet Blue. Hair Dark Brown. Complexion Dark. Build Medium. Has been arrested by the Detroit Police on charges of Felonious Assault, Disordley Conduct and Violating the Prohibition Laws. He is not in jail at this time 10-19-32

b 1896

Jacob "Jack" REDFERN

Purple Gang, Detroit, Michigan

32560.....JACK REDFERN. Age 29---1928. Height 5-8. Weight 118. Eyes Gr.Blue. Hair Med.Brown. Complexion Medium. Build Slim. Has been in for Robbery Armed, and Disordley Person. He is not doing time now 10-19-32

b 1899

Abe "Kid Twist" RELES
Murder Inc., Hitman, Killer, New York

Born in Brownsville, Brooklyn, New York as son of Jewish-Austrian immigrants. Reles was a second-rang leader in Murder, Inc. His weapon of choice was an ice pick. When police picked him up in 1940 he made a deal with the prosecutors and started talking, what was called the most remarkable „canary act in underworld history". Although kept under close protective custody, he flew out a window of a Coney Island hotel November 12, 1941.

b 1907 – d 1941

Louis "Lefty Louie" ROSENBERG
Hitman, Killer, New York

Height 5'8". Weight 145 lbs. One of the gunmen who shot Herman "Beansie" Rosenthal. He was tried and found guilty of murder and executed in the electric chair 1914.

b 1891 – d 1914

Herman "Beansie" ROSENTHAL

Gambler, Gambling house Owner, New York

Born in one of the Baltic provinces of Russia he came as a child to the East Side, New York. He opened and operated several small time gambling joints, called stuss houses. Rosenthal was murdered by four gangsters 1912. Renegade Lieutnant Charles Becker of the New York City Police Department was accused and found guilty of murder.

b 1879 – d 1912

Arnold "The Brain" ROTHSTEIN

Criminal mastermind,
Father of American organised crime, New York

Rothstein was a multimillionaire gambler. He operated strictly in the background with the legal side of his activities - real estate investments, broadway shows and racehorses. He stands as the spiritual father of American organized crime and had the title "Czar of the Underworld". On November 4, 1928 he was murdered at the Park Central Hotel.

b 1882 – d 1928

Jack RUBY
(Jacob Leon RUBINSTEIN)
Nightclubs Owner, Chicago, Dallas

Height 5'9", Weight 175 lbs. Ruby operated several establishments, his financial records were chaotic. Known as the man who killed the murder of John F. Kennedy, Lee Harvey Oswald. He died in prison for reasons not fully explained.

b 1911 – d 1967

Harry Henry "Toots" SCHORR

Purple Gang, Detroit, Michigan

10278.....HENRY SHORR. Age 20---1918. Height 5-8 5/8. Weight 149. Eyes Azure Pale. Hair Light Brown. Complexion Swarthy. Build Slim. This man has been arrested by the Detroit Police on charges of Violating the Interstate Commerce Laws, Robbery Armed, Extortion, Larceny from the person and also Grand Larceny. He is not in jail at this time, but if he is brought in the Special Investigators Bureau would like to question him...... 10-12-32

b 1897 – d 1934

Dutch SCHULTZ

(Arthur Simon FLEGENHEIMER)

Underworld Leader, Beer Baron, New York

Born in the Bronx, New York City, to German immigrants. He controlled bootlegging in New York during Prohibition, and was one of the Jewish "Big Six". His demand to assasinate prosecutor Thomas Dewey is believed to have been carried out the death sentence by the syndicate. He was killed October 23, 1935.

b 1902 – d 1935

Morris "Moe" SEDWAY
(Moses SIDWIRTZ)
Hotels/ Casinos Shareholder, Las Vegas

Sedway was a trusted affiliate of mobster Bugsy Siegel and in charge of Bugsy's Vegas operations. He kept the casinos and racing wire running smoothly. After Siegel was killed, Sedway, "Davie" Berman and and Gus Greenbaum took over the Flamingo hotel.

b 1894 – d 1952

Jacob "Whitey Lewis" SEIDENSHNIER

Hitman, Killer, New York

Height 5'6". Weight 160 lbs. One of the murders of "Beansie" Rosenthal. He was sentenced to death.

b 1887 – d 1914

Zsygmund "Ziggy" SELBIN

Purple Gang, Detroit, Michigan

32548.....ZIGEI SELBIN. DEAD. Shot and killed at 8833---12th St. Oct.26, 1929 at 12;30 A.M.

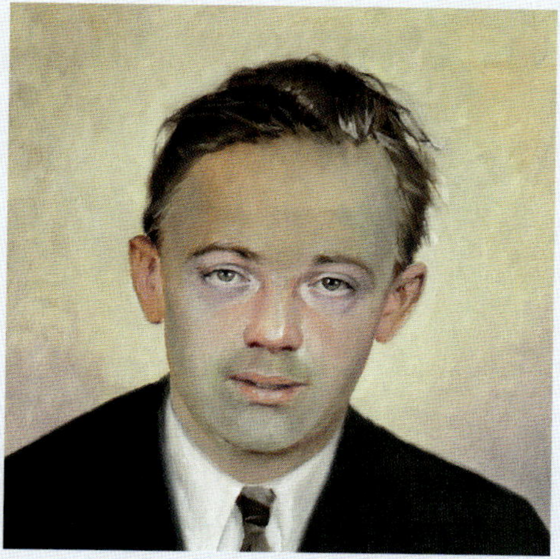

b 1907 – d 1929

Myron "Mikey" SELIK

Purple Gang, Detroit, Michigan

Second generation Purple gangster along with Dave Ovshtein, Harry Millman, Sam Drapkin and others.

Jacob "Gurrah" SHAPIRO
Labor Racketeer, New York

JACOB SHAPIRO with aliases: "Gurrah", Charles Shapiro, Morris Friedman, Samuel Dishouse, Samuel Disnhausen. Description: Age 41 or 42 years (born in Russia about 1895). Height 5' 5". Weight 200 lbs. Build stocky. Nationality Russian Jewish. Hair medium chestnut. Eyes Blue, wears glasses occasionally. Complexion medium. inclined to be flushed.

b 1895 – d 1947

Features: large mouth, thick lips, nose somewhat flattened - appearance of having been broken (possibly remodeled by plastic surgery) - large ears. Dress: rather conservative, well tailored. Speech: very guttural, Jewish accent. Mannerisms: gesticulates with hands when speaking. Peculiarities: thick hands and short stubby fingers. fingerprint classification:

```
11  11  R  0  7  Ref:  9,  3,  1
    26  R  1          26  26  26
```

Benjamin "Bugsy" SIEGEL
Syndicate Leader

FBI No. 190586....Born Feb. 28, 1906, New York. Height 5'9". Weight 157 lbs. Eyes Grey-green. Race Jewish. Build medium. By the time Siegel was 21 he was guilty of hijacking, mayhem, bootlegging, narcotics trafficking, white slavery, rape, burglary, bookmaking, robbery, numbers racket, extortion and numerous murders.

b 1906 – d 1947

Together with Meyer Lansky he formed the Bugs & Meyer Mob gang, which later teamed up with Lucky Luciano and his gang. He was sent to Las Vegas and used about $5 million of syndicate money to construct the Flamingo casino hotel. Siegel was killed on June 20, 1947.

Jack "Max Frost" STEIN

Purple Gang, Detroit, Michigan

30083.....JACK STEIN alias MAX FROST alias MAX MOSKOWITZ alias LOUIS KLEIN alias HYMAN MOSKOWITZ. Age 29---1927. Height 5-6½. Weight 210. Eyes Blue. Hair Dark Brown. Complexion Dark. Build Stout. Has been arrested by the Detroit Police on charges of Murder, Robbery Armed and he did a 5 year strech in Leavensworth on a charge of Violating the Harrison Narcotic Act out of Detroit.

b 1898

He has been arrested in Buffalo N.Y. and served time for 2nd Degree Grand Larceny (Pickpocket) and Got a Sentence of 2 to 3 years in the New Jersey State Prison out of Jersey City.N.J. on charge of Pickpocket. He is not in jail at this time, and was picked up here in July 1932 10-12-32

Harry "Pittsburgh Phil" STRAUSS

Murder Inc., premier Hitman, Killer, New York

He achieved great success in his chosen field - murder. In time he became the most prolific killer Murder Inc., and all of syndicated crime, ever produced. He was the Dandy of the troop, noted for wearing $60 suits and Don juan activities.

b 1909 – d 1941

When investigators cracked Murder, Inc., in 1940, the office of Brooklyn district attorney William O'Dwyer developed solid evidence tying Phil to 28 killings. However, there is little doubt that his murder toll exceeded 100. On June 12, 1941 at 11:06 p.m. Pittsburgh Phil went to the electric chair in Sing-Sing prison.

Albert "Allie Tic Toc" TANNENBAUM

Murder Inc., Hitman, Killer, New York

Member of the Murder Inc. squad in the 1930s. When Tannenbaum was arrested he decided to talk along with Abe Reles, who turned informant in 1940.

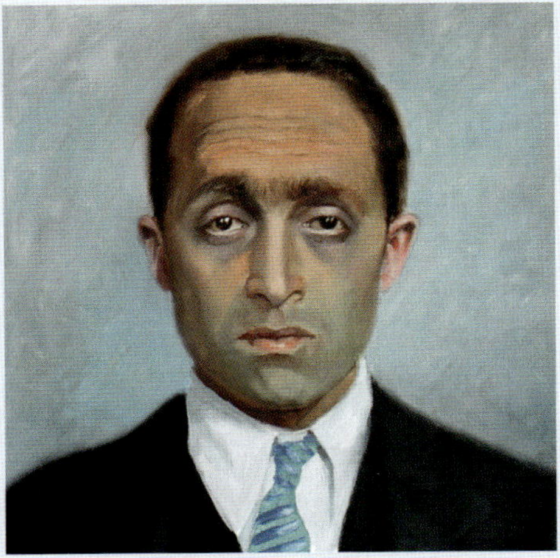

b 1908

Abe "Bo" WEINBERG

Hitman, Killer, Dutch Schultz Gang, New York

Abe Weinberg was the right-hand man for Dutch Schultz. He was murdered in 1935 by Bugsy Siegel who stabbed him to death and dumped him in the Hudson River.

b 1897 – d 1935

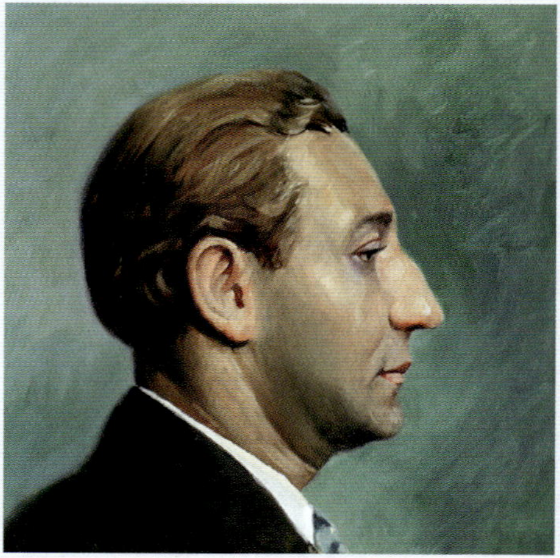

George WEINBERG
Dutch Schultz Gang, New York

Brother of Abe Weinberg. George Weinberg handled the money end of Dutch Schultz's operation. After the murder of Schultz and the disappearance and murder of his brother Abe he decided to turn informant and testify against his former associates. On January 29, 1939 he stole a gun from a detective who was guarding him and shot himself in the head.

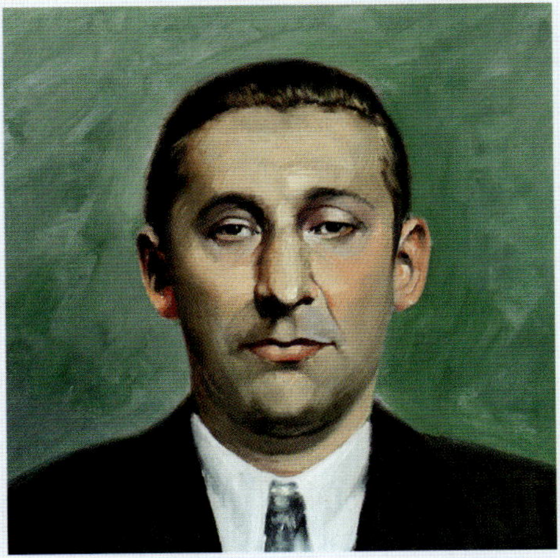

b 1901 – d 1939

Albert "The Gorilla" WEINSHENKER

Nightclubs Owner, North-Side Gang, Chicago

Killed in the St. Valentine's Day Massacre on February 14, 1929, which was ordered by Al Capone and fixed by Abe Bernstein.

b 1894 – d 1929

Emanuel "Mendy" WEISS

Murder Inc., Hitman, Killer, New York

Weiss set up the Louis „Pretty" Amberg murder and participated in the Dutch Schultz murder. He was electrocuted at the Sing Sing prison based on the testimony of Abe Reles.

b 1906 – d 1944

Irving "Waxey Gordon" WEXLER

Bootlegger, New York, Philadelphia

During Prohibition Wexler was junior partner of racketeer Arnold Rothstein and operated a number of rackets including prostitution, dope dealing and bootlegging. He owned large distilleries and breweries. He died in Alcatraz of a heart attack on June 24, 1952.

b 1888 – d 1952

John WOLF
Purple Gang, Detroit, Michigan

32561.....JOHN WOLF. Age 32---1928. Height 5-5 3/4. Weight 187. Eyes Hazel. Hair Dark Brown. Complexion Medium. Build Stout. Suspected of Hi-Jacking.

b 1896

Charles "The Bug" WORKMAN
Hitman, Killer, New York

He was a gun-for-hire of Murder Inc. He was one of the murderers of Dutch Schultz and sentenced to life in prison. Workman was sent to Trenton State Prison and later transferred to Rahway State Prison Farm in 1952. Paroled in 1964.

b 1908

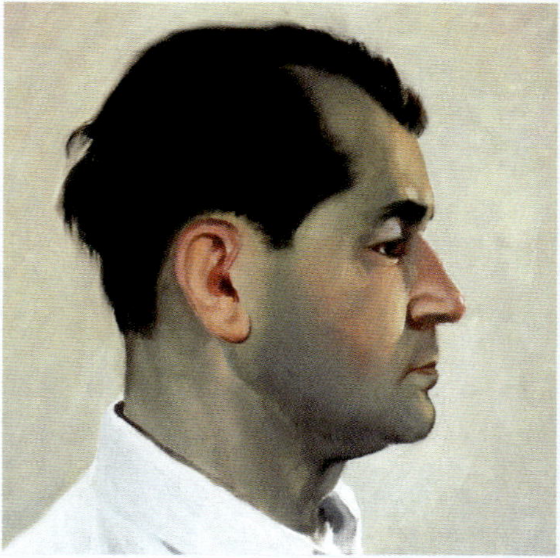

Abraham "Abie the Agent" ZUSSMAN

Purple Gang, Detroit, Michigan

24031.....ABIE ZUSSMAN alias ABE STONE, alias ABIE THE AGENT. Age 23---1925. Height 5-6½. Weight 134. Eyes Hazel Slate. Hair Lt.Chestnut. Complexion Fair. Build Slim. This man is a Bootlegger and has been arrested by the Detroit Police on charges of Disturbing the peace, Violating the State Prohibition Law, Violating the U.S.Code, Murder and Robbery Armed. He is not known to be serving any time 10-11-32

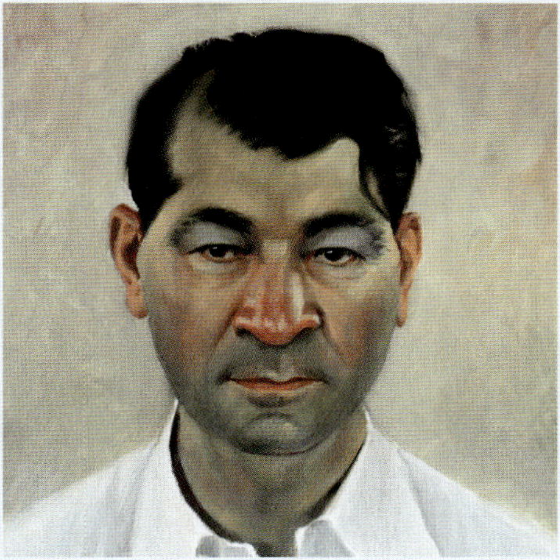

b 1902

Jacob "John" ZUTA
(Jakow ZOOTA)
Superpimp, North-Side Gang Financier, Chicago

Born in Russia. Zuta run several prostitution houses and gambling dens. He was killed by five gunmen in the Lake View Hotel on Upper Nemahbin Lake near Dalafield, Wisconsin.

b 1888 – d 1930

Max "Kid Twist" ZWEIBACH

Gang Leader, Killer, New York

Monk Eastman's chief lieutnant. Murdered by rival Five Points gangsters.

b 1882 – d 1908

Abner "Longy" ZWILLMAN

Syndicate Leader, New Jersey

FBI No. 346333...ABNER ZWILLMAN alias Abe Zwillman, Abraham Zwillman, Longy Zwillman, Longie Zwillmann, Longey Zwillman, George Long, A. Long, A. Spitzel, Abe Spitzel, Al Williams. Date of Birth: July 27, 1904, Newark, New Jersey. Height 6'1½". Weight 200 lbs. Eyes Gray Brown. Build Athletic. Complexion Dark. Teeth Good. Peculiarities Heavy eyebrows, large nose.

b 1904 – d 1959

KAPITEL X

NAMENSREGISTER A-Z

Gangsters, Gunmen, Guns, Macks, Strikebreakers, Lifetakers, Bouncers, Killers, Hitmen, Fagins, Shylocks, Dips, Fledermeijse, Doormen, Spades, Gunmols, Dealers, Gamblers, Sheenies, Maidentakers, Pickpockets, Though Guys, Lieutnants, Sidekicks, Gorillas, Shranks, Thougs, Wise Guys, Big Shots, Whoremasters, Pimps, Pikes, Famers, Aces, Pipefiends, Strongarms, Henchmen, Fencers, Sticks, Commission Betters, Calibres, Dolls, Fixers, Mouthpieces, Shtarkes, Business Men

Samuel *Sam* Abramowitz

Benjamin *Ben* Abrams

Mike *Big Mike* Abrams

Louis Achtman

Israel *Ice Pick Willie* Alderman

Alex *Red* Alpert

Harry *Nigger Hymie* Altman

Herman *Hyman* Amberg

Joseph *Joey* Amberg

Louis *Pretty* Amberg

Moses L. *Moe* Annenberg

Joseph Aront

Irving *Irv* Ashkenas

Charles *The Professor* Auerbach

Abraham *Abe* Axler

Samuel *Sam* Axler

Abie *Little Abe* Beckerman

Charles Berman

Chickie Berman

David *Davie the Jew* Berman

Edward *Barney* Berman

Otto *Abbadabba* Berman (Biedermann)

Abraham *Abe* Bernstein

Hyman *Little Hymie* Bernstein

Isidore *Izzy* Bernstein

Raymond *Ray* Bernstein

Sam *Fatty* Bernstein

Sam *Stone* Bernstein

Sholem *Dreamy Eyes* Bernstein

Arthur *Art* Biedler

Willie Morris *William Nelson* Bioff

Schachnai Itzik *Charlie* Birger

Sandor *Birns* Birnstein

Herbert *Fat Herbie* Blitzstein

Isidore *Harry* Block

Harry Bloom

Yiddy Bloom

Joseph *Joe* Bloom

Meyer *Fish* Bloomfield

Charles Blum

Isadore *Kid Cann* Blumenfeld

John *The Polack* Bogdanowitz

Leonard *Lenny* Boltz

Joe *Brownie* Brown

Louis *Lepke* Buchalter

Louis *Lefty* Buckhaus

William Cannon

Isadore Cantor

Nathan *Kid Dropper* Caplin

Philip *Sonny* Chaleff

George Reubin *William Harrison* Cohen

Isidore *Jew Murphy* Cohen

Meyer *Harris Mickey* Cohen

Meyer *Jew Max* Cohen

Philip *Little Farvel* Cohen

Reuben *Rubi* Cohen

Sam *Chowderhead* Cohen

Samuel *Sam Purple* Cohen

Solomon *Sol* Conrad

Abraham *Abe* Cooper

Joseph *Fatty* Cooperman

Arthur *Boodie* Cowan

Louis *Diamond Louie* Cowan

Louis *Little Cruller* Cruller

Morris Barney *Moe* Dalitz

Philip *Red Phil* Davidson

Sam *Gorilla* Davies

Irving *Niggy* Devine

Allen *Red* Dorfman

Samuel *Sam* Drapkin

Leo *The Lip* Durocher

Max *Maxie* Eisen

Julius *Little Yutch* Eisenberg

Benjamin *Little Benny* Ertel

John *Jake the Barber* Factor

Benjamin *Dopey Benny* Fein

Irving *Puggy* Feinstein

Samuel *Tootsie* Feinstein

Irving Feldman

Jules *Julie* Fink

Henry Finkelstein

Louis *Louie the Dip* Finkelstein

Abraham *Abie* Fisher

Arthur Simon *Dutch Schultz* Flegenheimer

Harry *The Fink* Fleisher

Louis Fleisher

Sam Fleisher

Edward *Honey Boy* Fletcher

Arthur *Hutch* Friedman

Isidore *Danny Fields* Friedman

Benny *Meatball* Gamson

Jacob *Jack* Geis

Mike *One-armed Mike* Gelfand

Louis *Lou* Gellerman

Charlie *Monkey Face* Genker

John Gettelson

Solomon *Solly* Girsch

Isidore *Nigger* Goldberg

Milton *Shuffles* Goldberg

Samuel *Sam Goldie* Goldfarb

Jack *Sol* Goldstein

Martin *Buggsy* Goldstein

Norman Goldstein

Peter *Bummy* Goldstein

Robert Goldstein

Max *The Jerk* Golub

Harry *Shorty* Gordon

Joseph *Jew Kid* Grabiner

Gus *Augustus Bertrand* Greenbaum

Harry *Big Greenie* Greenberg

John *Fat Irish* Greenberg

Max *Big Maxey* Greenberg
Mordechai *Motke* Greenberg
Abe *The General* Greenthal
Samuel *Sam the Jap* Gross
Morris Grossman
Richard Grossman
Harry Guzik
Jake *Greasy Thumb* Guzik
Samuel *Sam* Guzik

Jacob *Tough Jake* Heiseman
Michael *Mike de Pike* Heitler
Joseph *Little Kirssy* Herman
Max *Puddy* Hinkes
Max *Boo Boo* Hoff
Samuel *Cappie* Hoffman
Hyman *Curly* Holtz
Aaron *Big Alek* Horlig
Harry *Gyp the Blood* Horowitz
Abraham *Little Abe* Hummel

Solomon *Sollie* Isaacs

Ben *Buddy* Jacobson
Benjamin *Buddy* Jacobson
Samuel *The Greener* Jacobson
Charles *C.* Jacoby
Julius *Jules* Joffa

Abraham *Abe* Kaminsky
Isaac *Issie* Kaminsky
Isadore *Uncle* Kaminski
Fred Kaplan
Morris *The Mock* Kaplan
Samuel *Sammy* Kaplan
Hyman *Hy* Kasner
Muddy Kasoff
Philip *Dandy Phil* Kastel
Sam *Big Sue* Katz
Jacob *Yasha* Katzenberg
Julian *Potatoes* Kaufman
Samuel *Sam Kurt* Kert

Louis *Louis Cohen* Kerzner

Morris *Mennie* Kessler

Harry Kirschenbaum

Abe *Bumpy* Klass

Frank Klayman

Jacob *Jack* Klein

Julius *Sheeny* Klein

Sidney *Big Red* Klein

Morris *Moe* Kleinman

Harry *Pincus* Kline

Ruben *Ruby Kolod* Koloditzky

Samuel *Sam* Kotzberg

Philip *The Stick* Kovolick

Leon *The Brains* Kraemer

David *Whitie Krakow* Krakauer

Louis *Shadows* Kravitz

Julius *Jules* Krompier

Martin *Marty* Krompier

Samuel *Sam* Kronik

Alfred Kurner

Michael *Sheeny Mike* Kurtz

Willie Laks

David *Wolf of Wall Street* Lamar

Abe *Misfits* Landau

Jacob *Jake* Lansky

Mayer *Little Man* Lansky

Hymie Lazar

Harry Selig *Big Jack Zelig* Lefkowitz

Joseph *Nigger Joe* Leibowitz

Charles Leiter

Samuel *Sam* Lerner

Abraham *Pretty* Levine

Hymie *Loud Mouth* Levine

Samuel *Red* Levine

George Levinson

Jacob Levites

Ike *Forty Grand* Levy

George F. Lewis

John *Spanish Louis* Lewis

Joseph *Hungry Joe* Lewis

Joseph Liberoff

Leon *Whittemore Leo* Liss

Louis *Whittemore Lou* Liss

Charles *Ike the Blood* Livin

Isadore *Bubs* Londe

Joseph *Rowdie Joe* Lowe

Frank *Sheeny Irving* Lowenthal

Nathan *Little Natie* Lubin

Billy Lustig

Samuel *Lefty* Mandel

Fredericka *Marm Mandelbaum* Mandelbaum

Benjamin *Ben* Marcus

Murray Marks

Hayim *Pittsburgh Hymie* Martin

Jules (Julius) *The Commissar* Martin (Modigliewsky)

Nathan *Pittsburgh Nate* Martin

Paul Matoff

David *Dave* Mazroff

Abraham Albert *Al* Medrich

Harald *Happy* Meltzer

Bobby *Guns* Mendelsohn

Harry Meyers

Jim *Killin' Jim* Miller

Joseph *Honey Boy* Miller

Sam *Gameboy* Miller

Harry *Lucky* Millman

Samuel *Sammy* Millman

Abraham *Abe* Minker

Celia Minsky

Jennie *Jennie the Factory* Morris

Samuel Joseph *Nails* Morton

Michael *Little Mikie* Newman

Irving *Knadles* Nitzberg

Abraham *Abe* Olenick

Jake *The Human Hyena* Oppenheimer

Jacob *Little Augie* Orgen

Edward *Monk Eastman* Osterman

David Ovshtein

Earl Passman

Herman *Hymie* Paul

Philip *Anchy* Paul

Charles *Kopki* Pearlstein

Samuel *Sam* Peller

Isidore *Little Chemey* Perlmutter

Birdie Pomerantz

Isidore *Izzy* Presser

Morris Raider

Jacob *Jack* Redfern

Jacob *Jack Sullivan* Reich

Isaac *Joe Blum* Reisfield

Abe *Kid Twist* Reles

Samuel Rhodes

Abe *Buffalo Harry* Rosenberg

Louis *Lefty Louie* Rosenberg

Louis *Lou* Rosenberg

William *Farby* Rosenberg

Bernard *Lulu* Rosenkrantz

Herman *Beansie* Rosenthal

Frank *Lefty* Rosenthal

Jacob *Bald Jack Rose* Rosenzweig

Joseph *Joe the Greaser* Rosenzweig

Harry Rosman

Max *Chinkie* Rothman

Arnold *The Brain* Rothstein

Morris *Red* Rudensky

George *Whitey* Rudnick

Harry *The Mock* Rudolph

Mike *Nigger Mike* Salter

David *Battling Dave* Sanders

Louis *Lou* Satren

Solomon *Solo* Schapiro

Herman *Chaim the Mummey* Scheiner

Samuel *Sam* Schepps

Sam *Skynch* Schiffman

Morris *Mersh* Schlermer

Harry *The Schoolmaster* Schneider

Harry *Harry the Horse* Schoenhaus

Isadore *Izzy* Schwartz

Reinhardt *Doc* Schwimmer

Morris (Moses) *Moe* Sedway (Sidwirtz)

Louis *Little* Segal

Jacob *Whitey Lewis* Seidenschnier

Jack *Yonkel the Polack* Selbin

Zsygmund *Ziggy* Selbin

Myron *Mikey* Selik

Irving *Little Irv* Shapiro

Jacob *Gurrah* Shapiro

Willie *Wolf* Shapiro

Charles *Chink* Sherman

Elasar *Ellie* Shinborn

Mordechai *Mark* Shinborn

Louis *Dutch Goldberg* Shomberg

Harry *Henry Toots* Shorr (Schorr)

Albert *Plug* Shuman

Benjamin *Bugsy* Siegel

Hymie Siegel

Benjamin *Benny* Sigelbaum

Jacob *Jack Jesus* Silverman

Kitty *Big Nose* Silverman

Al Silverman

Jacob *Scotty Sam* Silverstein

Benjamin *Nigger Benny* Snyder

Bessie *London* Solomon

Charles *King* Solomon

Charley *Silver Dollar Smith* Solomon

Meyer *Meyer Boston* Solomon

Sam *Sam Boston* Solomon

Joseph *Doc* Stacher

Jack *Max Frost* Stein

Theodore *Teddy* Stein

Michael *Mike* Stitzel

Alex Strauss

Harry *Pittsburgh Phil* Strauss

Isidore Strauss

Harry *Nig Rosen* Stromberg

Isidore *Izzy the Rat* Sutker

Alex *Kid Tiger* Szycowski

Albert *Allie Tic Toc* Tannenbaum

Benjamin *Benny the Boss* Tannenbaum

Frank *Frankie* Teitelbaum

Harry Teitelbaum

Abraham *Abe* Telvi

Samuel *Cyclone Louie* Teutsch

Joseph *Yoske Nigger* Toplinsky

Isaac *Chic* Tricker

Samuel A. *Sam* Tucker

Samuel *The Dove* Turteltaub

Charles *Charlie the Cripple* Vitoffsky

Moses *Moey Dimples* Volensky

Louis *Bridgey* Webber

George *Red Buck* Weightman

Joseph *Yellow Kid* Weil

Abe *Bo* Weinberg

George Weinberg

Albert *The Gorilla* Weinshenker

Willie Weisberg

Nathan *Nate* Weisenberg

William *Bill* Weisman

Emanuel *Mendy* Weiss

Samuel *Sammy* Weiss

Solomon *Cutcherheadoff* Weissman

Jacob *Jack the bum* Wellner

Michael *Mickey* Wendel

Mert Wertheimer

Irving *Waxey Gordon* Wexler

John *Johnny Spanish* Wheiler

Max Whisman

Jacob Willman

John Wolf

Charlie *The Bug* Workman

Frank *Buster* Wortman

Frank *Frankie the Polack* Wright

Hyman *Yoell Miller* Yuran

Isidore *Beansy* Zimmerman

Abe *Abie the Agent* Zussman

Jack *John U.* Zuta (Zoota)

Max *Kid Twist* Zweibach

Abner *Longy* Zwillmann

Known only by Nickname

Bockso

Candy Kid Phil

Sadie *Chink*

Markey English

Lhulki

Little Keever

Oscar the Poet

Pauline the Horse Car

Piggy

KAPITEL XI

BIBLIOGRAPHY

A. History of organised crime, 1929-1951

ABADINSKY, Howard, *Organized Crime*, Chicago, Nelson-Hall, 1990.

ALBANESE, Jay, *Organized Crime in America*, Cincinnati, Anderson, 1989.

ARLACCHI, Pino, *Mafia Business : The Mafia Ethic and the Spirit of Capitalism*, Londres, Verso, 1986.

ASBURY, Herbert, *Gem of the Prairie : An Informal History of the Chicago Underworld*, Northern Illinois University Press, 1986.

BEHR, Edward, Prohibition : *Thirteen Years that Changed America*, New York, Arcade Publishing, 1997.

BERGREEN, Laurence, *Capone : The Man and the Era*, New York, Simon & Schuster, 1994.

BLOCK, Alan A., *East Side-West Side : Organizing Crime in New York*, 1930-1950, Transaction Books, 1983

BODY-GENDROT, Sophie, *The Social Control of Cities ? Comparative Perspective*, Oxford, Blackwell, 2000.

BODY-GENDROT, Sophie, *Les Villes face à l'insécurité : des ghettos américains aux banlieues françaises*, Paris, Bayard, septembre 2001.

COHEN, Rich, *Tough Jews : Fathers, Sons and Gangster Dreams*, New York, Vintage, 1999.

DEAN, John, (ed.) *Regards croisés sur New York*, Nancy, Messène, août 2001.

DEBOUZY, Marianne, *Le Capitalisme « sauvage » aux Etats-Unis*, 1860-1900, Paris, Editions du Seuil, 1972.

DELOACH, Cartha, *Hoover's FBI, Washington D.C.*, Regnary Publishers, 1995. (American Library in Paris.)

FOX, Stephen, *Blood and Power : Organized Crime in Twentieth Century America*, New York, William Morrow, 1989.

FRIED, Albert, *The Rise and Fall of the Jewish Gangster in America*, Columbia University Press, 1994.

GOSH, Martin A., *The Last Testament of Lucky Luciano*, Boston, Little,

Brown, 1975. HOFFMAN, Dennis E., *Scarface Al and the Crime Crusaders : Chicago's Private War Against Capone*, Carbondale, Southern Illinois University Press, 1993.

IANNI, Francis A.J., *Black Mafia*, New York, Simon & Schuster, 1974.

IANNI, Francis A. J., *A family Business : Kinship and Social Control in Organized Crime*, Russel Sage Foundation, 1972.

KELLY Robert J., *Encyclopedia of Organized Crime in the United States : From Capone's Chicago to the New Urban Underworld*, Westport, Conn./Londres, Greenwood Press, 2000.

KEFAUVER, Estes, *Crime in America*, Garden City, NY, Doubleday & Company, Inc., 1951. (Essentiel. American Library in Paris.)

KOBLER, John., *Ardent Spirits*, Putnam, 1973

KOBLER, John, *The Life and World of Al Capone*, New York, Fawcett Crest Books, Da Capo Reprint, 1992.

LACEY, Robert, *Little Man : Meyer Lansky and the Gangster Life*, Boston, Little, Brown and Co., 1990.

LIPUMA, Edward, « *Capitalism and the Crimes of Mythology : An Interpretation of the Mafia Mystique* », Journal of Ethnic Studies, 17 (2), été 1989, pp. 1-21.

MARTIN, Jean-Pierre, *La Vertu par la loi : La Prohibition aus Etats-Unis*, 1920-1933, Éditions universitaires de Dijon, 1994

MESSICK, Hank, *John Edgar Hoover : A Criminal Examination of the Director and of the Continuing Alliance Between Crime, Business and Politics*, New York, David McCay Company, Inc., 1972.

MERTON, Robert K., « *Social Structure and Anomie* », American Sociological Review, 3, pp. 672-82, 1938. (Abadinsky : « Merton pointed to an American preoccupation with economic success - pathological materialism. It is the goal that is emphasized, not the means. » Le crime devient alors « a normal response to pressures exerted on certain persons by the social structure. » La criminalité organisée comme moyen de promotion sociale des minorités ethniques.)

MOORE, William H., *The Kefauver Committee and the Politics of Crime*, Columbia, University of Missouri Press, 1974.

NASH, Jay Robert, *World Encyclopedia of Organized Crime*, New York, Paragon House, 1992.

NASH, Jay Robert, *Bloodletters and Bad Men : A Who's Who of Vile Men (and Women) Wanted for Every Crime in the Book*, Vol 2 et 3, 1975, réédité en 1987

NESS Eliot et al., *The Untouchables*, Bucaneer Books, 1996.

PETERSON, Virgil W., *Barbarians in our Midst : A History of Chicago Crime and Politics*, (Foreword by Estes Kefauver), Boston, Little Brown, 1952.

PETERSON, Virgil W., *The Mob, 200 Years of Organized Crime in New York*, Ottawa, Ill., Green Hill Pub., 1983.

PEZZINO Paolo, *Les Mafias*, Paris, Casterman, 1999

POWELL Hickman, *Lucky Luciano : The Man Who Organized Crime in America*, 2000.

RYAN Patrick J. (ed.), *Organized Crime : A Reference Handbook*, Santa Barbara, ABC- CLIO, 1995.

SCHATZBERG, Robert, *African-American Organized Crime : A Social History*, Rutgers University Press, 1997.

SELLIN, Thorsten, « *Crime* », The American Journal of Sociology, volume XLVII, numéro 6, mai 1942.

SHALLOO J. P. (ed.), *Crime in the United States*, The Annals of the American Academy of Political and Social Science, volume 217, September 1941.

SIFAKIS, Carl, *The Mafia Encyclopedia : From Accardo to Zwillman*, Checkmark Books, 1999.

SMITH, Dwight, *Mafia Mystique*, New York, Basic Books, 1975.

SMITH, Dwight C. et Richard D. ALBA, « *Organized Crime and American Life* », Society, 16 (3), pp. 32-38, 1979.

SOMMIER, Isabelle, *Les Mafias*, Paris, Montchrestien, collection « Clefs », 1998.

STOLBERG, Mary M., *Fighting Organized Crime : Politics, Justice and the Legacy of Thomas E. Dewey*, Boston, Northeastern University Press, 1995.

SUTHERLAND, Edwin, *On Analyzing Crime*, University of Chicago Press, 1973

TYLER, Gus, *Organized Crime in America : A Book of Readings*, Ann Arbor, The University of Michigan Press, 1962.

TUCKER, Kenneth, *Eliot Ness and the Untouchables : The Historical Reality and the Film and Television* Depictions, McFarland, 2000.

TURKUS, Burton B. et FERER Sid, *Murder, Inc : The Story of the Syndicate*, New York, Farrar, Strauss and Young, 1951, réédité en 1992.

WILSON, Theodore, « The Kefauver Committee, 1950 », in SCHLESINGER, Arthur M. et Robert BURNS, Congress Investigates, 1792-1974, New York, Chelsea House, 1975.

WOODIWISS, Michael, *Organized Crime*, USA : Changing Perceptions from Prohibition to the Present Day, British Association of American Studies Pamphlets, n· 19, 1990.

B. Organised crime and American cinema

BALIO, Tino (ed.), *Grand Design : Hollywood as a Modern Business Enterprise*, 1930-1939, New York, Charles Scribner's Son, 1993

BAXTER, John, *The Gangster Film*, New York, A.S. Barnes and Company., 1970.

BERGESEN, Albert, « Godfather II : Some Thoughts on Our Changing Conception of Immigrants and Organized Crime », *Contemporary Crises*, 3 (3), juin 1979, pp. 291-294.

BERGMAN, Andrew, « The Gangsters », in *We're in the money : Depression America and Its Films*, New York, Harper and Row, 1972

BIDAUD, Anne-Marie, *Hollywood et le rêve américain : Cinéma et idéologie aux Etats- Unis*

BLACK, Gregory D., *Hollywood Censored : Morality Codes, Catholics, and the Movies*, Cambridge, Cambridge University press, 1994.(L'ouvrage de référence sur la censure.)

BOOKBINDER, Robert, *Classic Gangster Films*, New York, Citadel, 1993

BORDE, Raymond et Etienne CHAUMETON, *Panorama du film noir américain*, Paris, Editions de Minuit, 1955.

BOURGET, Jean-Loup, *Hollywood, la norme et la marge*, Paris, Nathan Université, 1998.
CIMENT, Michel, *Le Crime à l'écran : Une histoire de l'Amérique*, Découvertes Gallimard, 1992.
CIEUTAT, Michel, *Les Grands Thèmes du cinéma américain*, Tomes I et II, Paris, Le Cerf, 1988 et 1991.
COPJEK, Joan (ed.), *Shades of Noir : A Reader*, Londres, Verso, 1993.
DOHERTY, Thomas, *Pre-Code Hollywood : Sex, Immorality, and Insurrection in American Cinema 1930-1934*, New York, Columbia University Press, 1999.
FINN, Danie, *A Guide to American Crime Films of the Forties and Fifties*, Westport, Conn. Greenwood, 1995.
GABREE, John, *Gangsters : From Little Caesar to The Godfather*, New York, Pyramid, 1973.
GRANT, Barry K. (ed.), Film Genre : Theory and Criticism, Metuchen, N.J./Londres, The Scarecrow Press, Inc., 1977
GRANT, Barry K. (ed.), *Film Genre Reader*, Austin, University of Texas Press, 1986.(Pour deux chapitres, «Apes and Essences : Some Sources of Significance in the American Gangster Film » par Edward Mitchell (p.159) , et « Notes on Film Noir » par Paul Schrader (p. 169).)
GUERIF, François, *Le Film Noir*, Paris, Editions Henri Veyrier, 1979,

réédité en 1999.

HARDY, Phil, *The BFI Companion to Crime*, Berkeley, University of California Press, 1997.

HARDY, Phil, *The Aurum Film Encyclopedia : The Gangster Film*, New York, Aurum Press, 1998.

HIRSCH, Foster, *The Dark Side of the Screen* : Film Noir, New York, DeCapo, 1983.

JOWETT, Garth, *Film, The Democratic Art*, Boston/Toronto, Little, Brown and Company, 1976.

JOWETT, Garth, « Bullets, Beer and the Hays Office : Public Enemy (1931) », in O'Connor, John E. et Martin A. JACKSON (eds.), *American History/American Film : Interpreting the Hollywood Image*, New York, Frederick Ungar Publishing Co., 1979.

KARF, Stephen L., *Gangster Film : Emergence, Variation and Decay of a Genre*, 1930- 1940, New York, Arno Press, 1973.

KAMINSKY, Stuart M. « The Individual Film : Little Caesar and the Gangster Film », in American Film Genres, Pflaum Publishing, 1974.

KAPLAN, E. Ann, *Women in Film Noir*, Londres, BFI Publishing, 1978.

LANGMAN, Larry, *A Guide to American Crime Films of the Thirties*. Westport, Conn., Greenwood, 1994.

MALTBY Richard, « The Spectacle of Criminality», in SLOCUM, J. David, Violence and American Cinema, New York/Londres, Routledge, 2001, pp. 117-152

MANCHEL, Frank, *Gangsters on the Screen*, New York/Londres, Franklin Watts, 1978.

MAST, Gerald, *The Movies in Our Midst*, Chicago/Londres, The University of Chicago Press, 1982.

MAY, Lary, *The Big Tomorrow : Hollywood and the Politics of the American Way*, Chicago/Londres, The University of Chicago Press, 2000.

McARTHUR, Colin, *Underworld USA*, Londres, BFI, 1972.(Un classique.)

McCARTY, John, *Hollywood Gangland : The Movies's Love Affair with the Mob*, New York, St. Martin's Press, 1993.

MESSICK, Hank, *The Beauties and the Beasts : The Mob in Show Business*, New York, David McKay Company, Inc., 1973.

MOTTRAM, James, *Public Enemies : The Gangster Movie A-Z*, Londres, BT Batesford, 1998.

MUNBY, Jonathan, *Public Enemies, Public Heroes : Screening the Gangster from Little Caesar to Touch of Evil*, Chicago, University of Chicago Press, 1999.

MUNN Michael, The Hollywood Connection : The True Story of Organized Crime in Hollywood, Londres, Robson Books, 1993. (American Library in Paris.)

RODDICK, Nick, *A New Deal in Entertainment : Warner Brothers in the 1930s*, Londres, BFI, 1983.

ROFFMAN, Peter et Jim PURDY, *The Hollywood Social Problem Film : Madness, Despair, and Politics from the Depression to the Fifties*, Bloomington, Indiana University Press, 1981.

ROSOW, Eugene, *Born to lose : The Gangster Film in America*, New York, Oxford University Press, 1978.

ROSS, Andrew, *The Chicago Gangster Theory of Life : Nature's Debt to Society*, Londres, Verso, 1995.

ROYOT, Daniel (ed.), *Hollywood : Réflexions sur l'écran*, GRENA, Université de Provence, 1984

BRILL, Lesley, « Growing up Gangster : Little Caesar, The Public Enemy, and the American Dream ».)

RUTH, David, *Inventing the Public Enemy : The Gangster in American Culture, 1918- 1934*, Chicago, University of Chicago Press, 1996.

SCHATZ, Thomas, « The Gangster Film », in Hollywood genres : Formulas, Filmmaking and the Studio System, New York, Random house, 1981.

SHADOIAN, Jack, *Dreams and Dead Ends : The American Gangster/ Crime Film, Cambridge*, MIT Press, 1977.

SILVER, Alain et Elizabeth WARD, *Film Noir*, Londres, Secker & Warburg, 1980.

SILVER, Alain et James URSINI (eds.), *Film Noir Reader*, New York, Limelight Editions, 1996.

SKLAR, Robert, City Boys : *Cagney, Bogart, Garfield*, Princeton, Princeton University Press, 1992.

SKLAR, Robert, *Movie-Made America : A Cultural History of the American Movies*; New York, Random House, 1975.

STEPHENS, Michael L., *Gangster Films : A Comprehensive, Illustrated Reference to People*, Films, and Terms, Jefferson, NC., McFarland, 1996.

TUSKA, Jon, *Dark Cinema : American Film Noir in Cultural Perspective*, Westport, Conn., Greenwood Press, 1984.

WARSHOW, Robert, « The Gangster as Tragic Hero », in *The Immediate Experience*, New York, Atheneum, 1977.

YAQUINTO, Marilyn, *Pump'Em Full of lead : A Look at Gangsters on Film*, Twayne Publishing, 1998.

II. COMPLEMENTARY PUBLICATIONS 2001-02

Sophie BODY-GENDROT, Francis BORDAT et Divina FRAU-MEIGS, *Le Crime organisé à la ville et à l'écran (1929-1951),* Colin CNED

John DEAN et Jacques POTHIER, *Le Crime organisé de la prohibition à la guerre froide*, ENS de Cachan et Un. De Versailles, Editions du Temps, juin 2002

Annick FOUCRIER, *Les gangsters et la société américaine (1920-1960),* Editions Ellipses

Romain HURET, *Le Crime organisé à la ville et à l'écran (1929-1951),* Editions Atlande

Pierre LAGAYETTE, Dominique SIPIERE et al. *Le Crime organisé à la ville et à l'écran (1929-1951),* Editions Ellipses

André MURAIRE et al. *Le Crime organisé à la ville et à l'écran (1929-1951)*, Editions du Temps

III. FILMOGRAPHY

1930 * *Little Caesar*, Mervyn LeRoy

** **1931** *The Public Enemy* William Wellman

City Streets, Rouben Mamoulian The Secret Six, George Hill

** **1932** *Scarface*, Howard Hawks

* *I Am a Fugitive from a Chain Gang*, Mervyn LeRoy

Beast of the City , Charles Brabin

Lady Killer, Roy Del Ruth

1934 *Manhattan Melodrama*, Woody S. Van Dyke

** **1935** *« G » Men*, William Keighley

* **1936** *Bullets or Ballots*, William Keighley

1937 *Dead End*, William Wyler

Marked Woman, Lloyd Bacon

The Last Gangster , Edward Ludwig

1938 *Racket Busters*, Lloyd Bacon

** *Angels With Dirty Faces*, Michael Curtiz

The Amazing Dr Clitterhouse, Anatole Litvak

1939 *Thugs With Dirty Mugs*, Tex Avery

** *The Roaring Twenties*, Raoul Walsh

Each Dawn I Die, William Keighley

1940 *Brother Orchid*, Lloyd Bacon

1941 *The Maltese Falcon*, John Huston

Johnny Eager Mervyn LeRoy

High Sierra, Raoul Walsh

1942 *The Glass Key*, Stuart Heisler

All Through the Night, Vincent Sherman

* *This Gun for Hire*, Frank Tuttle

1945 *Dillinger*, Max Nosseck,

** **1946** *The Killers*, Robert Siodmak

The Big Sleep, Howard Hawks

1947 *Out of the Past*, Jacques Tourneur

Body and Soul, Robert Rossen

* *T Men*, Anthony Mann

Brute Force, Jules Dassin

Kiss of Death, Henry Hathaway

I Walk Alone, Byron Haskins

The Gangster, Maurice et Frank King

1948 *Cry of the City*, Robert Siodmak

* *Night and the City*, Jules Dassin

* *Thieves' Highway*, Jules Dassin

* *Call Northside 777*, Henry Hathaway

** *Force of Evil*, Abraham Polonsky

** *Key Largo*, John Huston

The Street With No Name, William Keighley

Knock on Any Door, Nicholas Ray

1949 *White Heat*, Raoul Walsh

He Walked by Night, Alfred Werker

Where the Sidewalk Ends, Otto Preminger

** **1950** *The Asphalt Jungle*, John Huston

Black Hand, Richard Thorpe

Caged John Cromwell

Kiss Tomorrow Goodbye, Gordon Douglas

** **1951** *The Enforcer*, Bretaigne Windust et Raoul Walsh

* *The Racket* , John Cromwell

Detective Story, William Wyler

1952 *Singin' in the Rain*, Gene Kelly et Stanley Donen

* *Deadline USA*, Richard Brooks

The Narrow Margin, Richard Fleischer

1953 *The Big Heat*, Fritz Lang

Pick up on South Street, Samuel Fuller

1954 *On the Waterfront*, Elia Kazan

IV. COMPLEMENTARY FILMOGRAPHY

Party Girl Nicholas Ray, 1958

The Rise and Fall of Legs Diamond, Budd Boetticher, 1959

Al Capone, Richard Wilson, 1959

The FBI Story Mervyn LeRoy, 1959

The Untouchables Série ABC (118 épisodes de 1959 à 1963)

Some Like it Hot Billy Wilder, 1960

Underworld USA (Samuel Fuller, 1961)

The Godfather , Francis Ford Coppola, 1972

The Godfather, Part II Francis Ford Coppola, 1974

Once Upon a Time in America Sergio Leone, 1984

The Cotton Club, Francis Ford Coppola, 1984

The Untouchables Brian De Palma, 1987

Miller's Crossing, Joel Coen, 1990

Bugsy, Barry Levinson, 1991

Billy Bathgate, Robert Benton, 1991

Mobsters, Michael Karbelnikoff, 1991

Hoodlum, Bill Duke, 1997

V. JEWISH ORGANISED CRIME

BERMAN,Susan (1981), *Easy Street: The True Story of a Mafia Family.* The Dial Press

JOSELIT, Jenna Weissman (1983), *Our Gang: Jewish Crime and the New York Jewish Community, 1900-1940*, Indiana University Press

THE FRIED, Albert (1980), *Rise and Fall of the Jewish Gangster in America*; Holt, Rinehart and Winston

THE MESSICK, Hank (1967), *Silent Syndicate*, MacMillan Company

COHEN, Rich (1998), *Tough Jews: Fathers, Sons, and Gangster Dreams,* Simon and Schuster

AMIR, M (1986). *Organized Crime and Organized Criminality Among Georgian Jews in Israel.* in R.J. Kelly (ed.) Organized Crime: A Global Perspective. Totowa, NJ: Rowman and Littlefield: 172-91.

AMIR, Menachem. (1989). *Aging and Aged in Organized Crime,* Journal of Offender Counselling, Services and Rehabilitation. 13(2): 61-85.

BLOCK, Alan A. (1979). *The Snowman Cometh: Coke in Progressive New York.* Criminology. 17(1): May: 75-99.

BLOCK, Ann. (1977). *Aw! Your Mother's in the Mafia: Women Criminals in Progressive New York.* Contemporary Crises . 1(1) January: 5-22.

CLARKE, Donald Henderson. (1929). *In the Reign of Rothstein* . New York, NY: Vanguard.

EDMONDS, Andy. (1993). *Bugsy's Baby: The Secret Life of Mob Queen Virginia Hill.* Secaucus, NJ: Carol Pub. Group.

EISENBERG, Dennis et al. (1979). *Meyer Lansky: Mogul of the Mob.* New York, NY: Paddington Press.

KAVIEFF, Paul R. (2000). *The Purple Gang: Organized Crime in Detroit* 1910-1945. Barricade Books.

KELLY, Robert. (1987). *The Nature of Organized Crime.* in Herbert Edelhertz (ed) Major Issues in Organized Crime Control. Washington, DC: National Institute of Justice: 5-43

LACEY, Robert. (1991). *Little Man: Meyer Lansky and the Gangster Life* . Boston, MA: Little, Brown.

MESSICK, Hank. (1971). *Lansky* . New York, NY: Putnam.

Rockaway, Robert A. (1995). *But He Was Good to His Mother* . Woodmere NY: Gefen Books.

SADOWSKY, Sandy and H. B Gilmour. (1992). *Wedded to Crime: My Life in the Jewish Mafia* . New York, NY: Putnam.

TURKUS, Burton and Sid Feder. (1951). *Murder, Inc.: The Story of „the Syndicate"* . New York, NY: Farrar, Straus and Young.

VI. PURPLE GANG

The Detroit Free Press. September 16, 1931.

The Detroit News. September 16, 1931.

The Detroit Times. September 16, 1931.

The Detroit Times. September 19, 1931.

Morton, James, Gangland International: The Mafia and Other Mobs . Little Brown & Company, 1998.

Nash, Jay Robert. 1995. Bloodletters & Badmen: A Narrative Encyclopedia of American Criminals from the Pilgrims to the Present .

Nolan, Jenny. „Prohibition.“ The Detroit News (Internet edition).

Taylor, Harry and Donald E. Van Zile. August 15, 1940. „Detroit's Most Famous Mass Murder.“ The Detroit News.

Wolff Joseph. September 26, 1971. „Appointment with Death.“ The Detroit News Magazine.

VII. PERSONS

MOSES L. ANNENBERG

Allen,M.P. The Founding Fortunes. 1989 (311-2)

Davis,J. Mafia Dynasty. 1993 (340)

Davis,J. Mafia Kingfish. 1989 (75, 115)

Fairness & Accuracy in Reporting (FAIR). Extra! 1988-10 (16)

Giancana,S.& C. Double Cross. 1992 (140)

Hitchens,C. Blood, Class, and Nostalgia. 1990 (57)

Messick,H. Lansky. 1973 (87, 146)

Moldea,D. Dark Victory. 1987 (84-5)

Moldea,D. Interference. 1989 (69, 72)

Parade Magazine 1988-10-30 (2)

Reid,E. Demaris,O. The Green Felt Jungle. 1964 (190)

Scheim,D. Contract on America. 1988 (119)

Scott,P.D. Crime and Coverup. 1977 (40)

Scott,P.D. Deep Politics. 1993 (154-6)

Summers,A. Official and Confidential. 1993 (227)

Weissman,S. Big Brother and the Holding Company. 1974 (217)

Winter-Berger,R. The Washington Pay-Off. 1972 (125-6)

WILLIE M. BIOFF

Giancana,S.& C. Double Cross. 1992 (72-3, 113-4, 225-6)

Moldea,D. Dark Victory. 1987 (xvi, 4-5, 22-8, 36-7, 89-90, 118-9)

Reid,E. Demaris,O. The Green Felt Jungle. 1964 (42-4, 201-6)

Sale,K. Power Shift. 1976 (193)

ISADORE BLUMENFELD (KID CANN)

Hepburn,J. Farewell America. 1968 (93)

Lacey,R. Little Man. 1991 (66)

Messick,H. Lansky. 1973 (73, 169)

Piper,M.C. Final Judgment. 1993 (64)

Reid,E. Demaris,O. The Green Felt Jungle. 1964 (20, 77-8)

SAMUEL BRONFMAN

Auletta,K. The Highwaymen. 1997 (139)

Cockburn,A.& L. Dangerous Liaison. 1991 (159)

CounterSpy 1983-08 (51-2)

Francis,D. Controlling Interest: Who Owns Canada? 1986 (43-6)

Giancana,S.& C. Double Cross. 1992 (17)

Lacey,R. Little Man. 1991 (55, 80)

Messick,H. Lansky. 1973 (69-70)

Nader,R. Taylor,W. The Big Boys. 1986 (484-5)

Piper,M.C. Final Judgment. 1993 (84, 86, 248)

Washington Times 1989-08-22 (F4)

LOUIS BUCHALTER (LEPKE)

Ashman,C. The CIA-Mafia Link. 1975 (55-6)

Davis,J. Mafia Dynasty. 1993 (52-3)

Denton,S. Morris,R. The Money and the Power. 2001 (26)

Kwitny,J. Vicious Circles. 1979 (65, 236)

Lacey,R. Little Man. 1991 (58, 65, 89-90)

Marrs,J. Crossfire. 1990 (161)

McCoy,A. The Politics of Heroin. 1991 (27-8)

Messick,H. Lansky. 1973 (22, 27, 71, 75-9, 89-91, 97-102, 108-9, 111)

Messick,H. Of Grass and Snow. 1979 (11-3)

Moldea,D. Dark Victory. 1987 (24, 37)

Piper,M.C. Final Judgment. 1993 (74)

Reid,E. Demaris,O. The Green Felt Jungle. 1964 (16, 186)

Scott,P.D. Deep Politics. 1993 (144-5, 211)

Summers,A. Official and Confidential. 1993 (238, 250)

Turner,W. Hoover's FBI. 1993 (154-5)

MEYER H. COHEN (MICKEY)

Ashman,C. The CIA-Mafia Link. 1975 (16)

Davis,J. Mafia Kingfish. 1989 (182, 262, 385-6, 392-3, 397)

Denton,S. Morris,R. The Money and the Power. 2001 (220)

Hepburn,J. Farewell America. 1968 (93)

Kantor,S. The Ruby Cover-up. 1992 (54, 56, 226-7)

Marrs,J. Crossfire. 1990 (164, 268, 388)

Messick,H. Lansky. 1973 (147, 155-6, 187)

Moldea,D. The Hoffa Wars. 1978 (49, 104)

Piper,M.C. Final Judgment. 1993 (35-6, 77, 153-63, 171-3, 257)

Raviv,D. Melman,Y. Friends in Deed. 1994 (41)

Reid,E. Demaris,O. The Green Felt Jungle. 1964 (13, 138)

Rolling Stone 1976-05-20 (43)

Rothmiller,M. Goldman,I. L.A. Secret Police. 1992 (145)

Russell,D. The Man Who Knew Too Much. 1992 (183)

Sale,K. Power Shift. 1976 (202, 222)

Scheim,D. Contract on America. 1988 (62, 100, 120, 154, 256, 293, 296, 303)

Scott,P.D. Deep Politics. 1993 (157, 233)

Summers,A. The Arrogance of Power. 2000 (54-7, 129, 226)

Turner,W. Rearview Mirror. 2001 (9)

ROY MARCUS COHN

Back Channels 1995-W (2-4)

Bird,K. The Chairman. 1992 (405-6, 412, 419-20)

Bird,K. The Color of Truth. 1998 (162-6)

Bradlee,B. A Good Life. 1995 (140-3)

Bruck,C. The Predators' Ball. 1989 (201)

Chernow,R. The House of Morgan. 1990 (327)

Constantine,A. Psychic Dictatorship in the U.S.A. 1995 (154, 180)

Cooney,J. The American Pope. 1984 (223-5)

Covert Action Information Bulletin 1983-#19 (8)

Covert Action Information Bulletin 1986-#25 (38)

Davis,D. Katharine the Great. 1987 (299)

Davis,J. Mafia Dynasty. 1993 (161-2, 209)

Davis,J. Mafia Kingfish. 1989 (524)

DeCamp,J. The Franklin Cover-up. 1994 (179)

Denton,S. Morris,R. The Money and the Power. 2001 (191)

Diamond,S. Compromised Campus. 1992 (15)

Donner,F. The Age of Surveillance. 1981 (359, 361)

Executive Intelligence Review 1998-11-06 (66)

Forster,A. Epstein,B. Danger on the Right. 1964 (248)

Green,F. American Propaganda Abroad. 1988 (28)

Groden,R. Livingstone,H. High Treason. 1990 (307)

Guardian (New York) 1985-07-24 (5)

Hepburn,J. Farewell America. 1968 (67-9, 90, 249)

Hinckle,W. If You Have a Lemon, Make Lemonade. 1990 (262)

Hutchison,R. Vesco. 1976 (327)

Johnston,D. Temples of Chance. 1992 (82, 88)

Judis,J. William F. Buckley, Jr. 1988 (376, 424)

Kilian,M. Sawislak,A. Who Runs Washington? 1982 (25)

King,D. Lyndon LaRouche and the New American Fascism. 1989 (252-66)

Kwitny,J. Vicious Circles. 1979 (136)

Lasky,V. It Didn't Start With Watergate. 1978 (123)

Lernoux,P. People of God. 1989 (300)

Mollenhoff,C. The Pentagon. 1967 (168, 171-2)

National Reporter 1985-SU (34-7)

Neff,J. Mobbed Up. 1989 (198, 339, 343-5, 347, 390)

New Federalist 1993-11-01 (6)

New York Times 2003-05-06 (A20)

Nikitin,V. The Ultras in the USA. 1981 (111, 117)

Parapolitics/USA 1981-SP (12)

Parapolitics/USA 1982-03-31 (33, 36)

Parapolitics/USA 1983-06-01 (14)

Russell,D. The Man Who Knew Too Much. 1992 (523)

Saunders,F. The Cultural Cold War. 2000 (190, 192-4)

Schrecker,E. No Ivory Tower. 1986 (166)

Sklar,H. Washington's War on Nicaragua. 1988 (82)

Snyder,A. Warriors of Disinformation. 1995 (188-9)

Spotlight Newspaper 1992-03-30 (6)

Spotlight Newspaper 1995-07-24 (15)

Summers,A. Official and Confidential. 1993 (189-91, 209-13, 251, 253-6, 309)

Summers,A. The Arrogance of Power. 2000 (82)

Swanberg,W.A. Luce and His Empire. 1972 (353)

Thomas,E. The Man to See. 1991 (74, 76, 108, 162-3)

Trento,S. The Power House. 1992 (221)

Truell,P. Gurwin,L. False Profits. 1992 (282)

Turner,W. Christian,J. The Assassination of RFK. 1993 (xvii)

Turner,W. Hoover's FBI. 1993 (xii, xx, xxi, 72-3, 182-3, 237)

Turner,W. Power on the Right. 1971 (137, 179)

Turner,W. Rearview Mirror. 2001 (8, 104)

Washington Post 1986-02-21 (C20)

Washington Post 1986-03-12 (A21)

Washington Post 1986-06-24 (A3)

Webb,G. Dark Alliance. 1998 (462)

Winter-Berger,R. The Washington Pay-Off. 1972 (104, 138)

Yakovlev,N. Washington Silhouettes. 1985 (171-2)

MORRIS B. DALITZ (MOE)

Bellett,G. Age of Secrets. 1995 (50, 66-7)

Brewton,P. The Mafia, CIA, and George Bush. 1992 (20)

CounterSpy 1984-08 (23-4)

Davis,J. Mafia Dynasty. 1993 (115)

Denton,S. Morris,R. The Money and the Power. 2001 (46, 55, 64-5, 68,

70, 101, 112-4, 132-3, 225, 231-2, 271-3, 336-7, 357)

Drosnin,M. Citizen Hughes. 1985 (71-2)

Giancana,S.& C. Double Cross. 1992 (264)

Hepburn,J. Farewell America. 1968 (68)

Hinckle,W. Turner,W. The Fish is Red. 1981 (267)

Hutchison,R. Vesco. 1976 (327)

Johnston,D. Temples of Chance. 1992 (29)

Kwitny,J. Vicious Circles. 1979 (166)

Lacey,R. Little Man. 1991 (55, 66, 79, 232, 256, 297, 303, 414)

Lane,M. Plausible Denial. 1991 (34)

Lernoux,P. Cry of the People. 1982 (240)

Lernoux,P. In Banks We Trust. 1984 (86)

Los Angeles Times 1978-05-03 (I30)

Maheu,R. Next to Hughes. 1993 (191-2, 198, 219-20, 242)

Messick,H. Lansky. 1973 (14, 32, 73-4, 76-7, 96, 153)

Moldea,D. Dark Victory. 1987 (xvi, 24, 226, 246-8, 297, 336, 347)

Moldea,D. Interference. 1989 (413)

Moldea,D. The Hoffa Wars. 1978 (49, 52, 105, 159, 264)

NACLA. Latin America and Empire Report 1975-04 (10)

National Reporter 1985-SU (35, 39)

Neff,J. Mobbed Up. 1989 (2, 23, 197-8)

New Federalist 1993-11-08 (2)

Oglesby,C. The Yankee and Cowboy War. 1976 (203)

Parapolitics/USA 1982-03-31 (7)

Pepper,W. Orders to Kill. 1995 (63)

Piper,M.C. Final Judgment. 1993 (124-5, 186, 243-4, 248, 259)

Pizzo,S. Fricker,M. Muolo,P. Inside Job. 1989 (xi, 133, 170, 173, 235)

Raviv,D. Melman,Y. Friends in Deed. 1994 (42)

Reid,E. Demaris,O. The Green Felt Jungle. 1964 (20, 53, 55-9, 83-5, 90, 132-3, 221, 232)

Ridenour,R. Back Fire. 1991 (123)

Rolling Stone 1976-05-20 (92)

Sale,K. Power Shift. 1976 (57, 86)

Scheim,D. Contract on America. 1988 (309)

Scott,P.D. Crime and Coverup. 1977 (28-9)

Spotlight Newspaper 1997-01-27 (7)

Stein,B. A License to Steal. 1992 (72)

Stich,R. Defrauding America. 1994 (513)

Summers,A. Conspiracy. 1981 (279)

Summers,A. The Arrogance of Power. 2000 (253)

Thomas,E. The Man to See. 1991 (200)

Weissman,S. Big Brother and the Holding Company. 1974 (196-7)

ARTHUR S. FLEGENHEIMER (DUTCH SCHULTZ)

Ashman,C. The CIA-Mafia Link. 1975 (55)

Lacey,R. Little Man. 1991 (65, 92-4)

McCoy,A. The Politics of Heroin. 1991 (28)

Messick,H. Lansky. 1973 (24, 30, 59-60, 73, 77-9)

Moldea,D. Interference. 1989 (92)

Ragano,F. Raab,S. Mob Lawyer. 1994 (3)

Reid,E. Demaris,O. The Green Felt Jungle. 1964 (16)

Summers,A. Official and Confidential. 1993 (226)

Dewey, Thomas E. – Twenty Against the Underworld 1974 – Doubleday and Company

Gosch, Martin A. and Richard Hammer – The Last Testament of Lucky Luciano 1975 – Little, Brown and Company

Levine, Gary – Jack "Legs" Diamond: Anatomy of a Gangster 1995 – Purple Mountain Press

Peterson, Virgil – The Mob: 200 Years of Organized Crime in New York 1993 – Green Hill Publishers, Inc.

Sann, Paul – Kill the Dutchman 1971 – Arlington House

Schatzberg, Rufus – Black Organized Crime in Harlem: 1920 – 1930

1993 – Garland Publishing Company
Thompson, Craig and Allen Raymond – Gang Rule in New York 1940 – The Dial Press
Turkus, Burton B. and Sid Feder – Murder, Inc. 1951 – Farrar, Straus & Young

JAKE GUZIK (GREASY THUMB)

Giancana,S.& C. Double Cross. 1992 (72, 88-9, 116, 118, 165)
Kantor,S. The Ruby Cover-up. 1992 (75)
Lacey,R. Little Man. 1991 (66, 201)
Messick,H. Lansky. 1973 (37, 58, 61-2)
Moldea,D. Dark Victory. 1987 (21, 38, 118, 121)
Moldea,D. Interference. 1989 (70)
Reid,E. Demaris,O. The Green Felt Jungle. 1964 (16, 20, 34, 40, 60, 139)
Scott,P.D. Deep Politics. 1993 (152)

MORRIS KLEINMAN

Brewton,P. The Mafia, CIA, and George Bush. 1992 (20, 296)

Covert Action Information Bulletin 1990-#35 (43)

Lacey,R. Little Man. 1991 (66, 256, 303)

Lernoux,P. In Banks We Trust. 1984 (78, 86-7)

Messick,H. Lansky. 1973 (32, 67-8)

Neff,J. Mobbed Up. 1989 (23, 198)

Reid,E. Demaris,O. The Green Felt Jungle. 1964 (53, 56-7, 59, 68, 222, 232)

JAKE LANSKY (JACK)

Davis,J. Mafia Dynasty. 1993 (115)

Denton,S. Morris,R. The Money and the Power. 2001 (109, 131, 207)

Kantor,S. The Ruby Cover-up. 1992 (39-40)

Lacey,R. Little Man. 1991

Marrs,J. Crossfire. 1990 (169, 394)

Messick,H. Lansky. 1973 (14, 27, 139-40, 143-4, 161, 179, 221)

Piper,M.C. Final Judgment. 1993 (164-5)

Reid,E. Demaris,O. The Green Felt Jungle. 1964 (117, 124)

Scheim,D. Contract on America. 1988 (101-2, 200)

Scott,P.D. Deep Politics. 1993 (98, 179-80)

Summers,A. Official and Confidential. 1993 (249)

Summers,A. The Arrogance of Power. 2000 (111, 241)

Trento,J. The Secret History of the CIA. 2001 (200)

Turner,W. Hoover's FBI. 1993 (73)

Weissman,S. Big Brother and the Holding Company. 1974 (264, 272)

MEYER LANSKY

Adams,J.R. Frantz,D. A Full Service Bank. 1992 (103-4, 116)

Anson,R. They've Killed the President! 1975 (292, 306-13)

Barnet,R. Cavanagh,J. Global Dreams. 1995 (389)

Blumenthal,S. Yazijian,H. Government by Gunplay. 1976 (133, 137-9, 145, 194-5)

Branch,T. Propper,E. Labyrinth. 1983 (401)

Brewton,P. The Mafia, CIA, and George Bush. 1992 (308)

Christic Institute. Sheehan Affidavit. 1987-01-31 (33)

Christic Institute. Sheehan Affidavit. 1988-03-25 (5)

CounterSpy 1984-08 (23, 25)

Covert Action Information Bulletin 1987-#28 (9)

Davis,J. Mafia Dynasty. 1993 (31-2, 54-5, 83, 115-6)

Davis,J. Mafia Kingfish. 1989 (97, 264)

Denton,S. Morris,R. The Money and the Power. 2001 (5-6, 21-9, 84, 103, 201, 205-8, 239-40, 242, 285, 352-3, 357)

DiEugenio,J. Pease,L. The Assassinations. 2003 (140)

Drosnin,M. Citizen Hughes. 1985 (119-20)

Ehrenfeld,R. Evil Money. 1992 (xix, 2, 5-8, 38)

Epstein,E. Dossier: The Secret History of Armand Hammer. 1996 (180)

Escalante,F. The Secret War. 1995 (40)

Fensterwald,B. Coincidence or Conspiracy? 1977 (367-72)

Francis,D. Controlling Interest: Who Owns Canada? 1986 (186)

Friedman,R. Zealots for Zion. 1992 (31)

Furiati,C. ZR Rifle. 1994 (22, 107)

Giancana,S.& C. Double Cross. 1992 (131-2, 258, 263-4, 344)

Hersh,S. The Dark Side of Camelot. 1997 (51-2)

Hinckle,W. Turner,W. The Fish is Red. 1981 (25, 75-6, 214, 284, 288-90, 297)

Hougan,J. Spooks. 1979 (333, 378-80)

Hutchison,R. Vesco. 1976 (59)

Kantor,S. The Ruby Cover-up. 1992 (39-40, 68)

Kruger,H. The Great Heroin Coup. 1980 (33, 89-90, 131, 141-7)

Kwitny,J. Vicious Circles. 1979 (65-6)

Lacey,R. Little Man. 1991

Lernoux,P. Cry of the People. 1982 (240)

Lernoux,P. In Banks We Trust. 1984 (40, 42-3, 47, 77, 81-2, 106, 189)

Lobster Magazine (Britain) 1986-#12 (1)

Maheu,R. Next to Hughes. 1993 (136)

Marrs,J. Crossfire. 1990 (162-3, 168-9, 175, 269, 500)

Marshall,J. Drug Wars. 1991 (37)

McCoy,A. The Politics of Heroin in S.E. Asia. 1973 (18, 25-8, 54-5)

McCoy,A. The Politics of Heroin. 1991 (28, 32, 40-5, 73-4, 300B)

Messick,H. Lansky. 1973

Messick,H. Of Grass and Snow. 1979 (166-8, 170)

Moldea,D. Dark Victory. 1987 (20, 85-6, 286, 289, 309)

Moldea,D. Interference. 1989 (43, 45, 95, 128, 130-1, 175, 286, 356)

Moldea,D. The Hoffa Wars. 1978 (16, 41, 49, 86-7, 105-6, 123)

Morrow,R. First Hand Knowledge. 1992 (41, 290-1)

Myerson,M. Watergate: Crime in the Suites. 1973 (145-6)

NACLA. Latin America and Empire Report 1975-04 (10-1)

Naylor,R.T. Hot Money and the Politics of Debt. 1994 (20-2, 39-40)

New York Magazine 1976-08-16 (27)

Oglesby,C. The Yankee and Cowboy War. 1976 (30-4, 203)

Parapolitics/USA 1982-03-31 (7, 24)

Pepper,W. Orders to Kill. 1995 (351)

Piper,M.C. Final Judgment. 1993

Ragano,F. Raab,S. Mob Lawyer. 1994 (29, 42-3, 129)

Raviv,D. Melman,Y. Friends in Deed. 1994 (41)

Reid,E. Demaris,O. The Green Felt Jungle. 1964 (16, 20, 26, 30, 78, 148, 150, 152-3)

Rolling Stone 1976-05-20 (40)

Sale,K. Power Shift. 1976 (84-6, 88, 128, 192, 198, 201-3, 227)

Scheim,D. Contract on America. 1988 (101-2, 120, 189, 200)

Scott,P.D. Crime and Coverup. 1977 (42)

Scott,P.D. Deep Politics. 1993 (90, 98-100, 141-8, 166, 176, 180, 204, 228)

Silverstein,K. Washington on $10 Million a Day. 1998 (49)

Spotlight Newspaper 1993-07-12 (7)

Spotlight Newspaper 1997-01-27 (7)

Sterling,C. Octopus. 1991 (53, 87)

Summers,A. Conspiracy. 1981 (266-7)

Summers,A. Official and Confidential. 1993 (13, 227, 231, 240-5, 248-50, 258, 269)

Summers,A. The Arrogance of Power. 2000 (57, 111-2, 127-9, 178-81, 194, 241-3)
Swearingen,M.W. FBI Secrets. 1995 (19-20)
Tarpley,W.G. Chaitkin,A. George Bush. 1992 (68, 81, 465)
Thomas,E. The Man to See. 1991 (200)
Trento,J. The Secret History of the CIA. 2001 (200-1)
Turner,W. Hoover's FBI. 1993 (73-4)
Turner,W. Rearview Mirror. 2001 (6, 8-9, 202)
Vankin,J. Conspiracies, Cover-ups, and Crimes. 1991 (159)
Vankin,J. Whalen,J. The 60 Greatest Conspiracies. 1998 (15, 159)
Washington Post Book World 1991-10-13 (3)
Weissman,S. Big Brother and the Holding Company. 1974 (122-5, 260, 263-4)
Winter-Berger,R. The Washington Pay-Off. 1972 (68, 131)
Eisenberg, Dennis and Uri Dan and Eli Landau, Meyer Lansky: Mogul of the Mob . New York & London: Paddington Press, Ltd. 1979.

ABE RELES (KID TWIST)

Davis,J. Mafia Dynasty. 1993 (56, 63)
Messick,H. Lansky. 1973 (22, 105-9)

ARNOLD ROTHSTEIN (THE BRAIN)

Denton,S. Morris,R. The Money and the Power. 2001 (22)

Kantor,S. The Ruby Cover-up. 1992 (118)

Kwitny,J. Vicious Circles. 1979 (65)

Lacey,R. Little Man. 1991 (48-50, 59-61, 83)

Marrs,J. Crossfire. 1990 (160)

McCoy,A. The Politics of Heroin. 1991 (26, 28)

Messick,H. Lansky. 1973 (22-4, 30, 38-9, 90)

Messick,H. Of Grass and Snow. 1979 (9-10)

Moldea,D. Interference. 1989 (42-3, 45, 152)

Piper,M.C. Final Judgment. 1993 (80)

Reid,E. Demaris,O. The Green Felt Jungle. 1964 (16, 70)

Anslinger, Harry and Will Oursler – The Murderers: The Story of the Narcotics Gangs 1961 – Farrar, Strauss & Cudahy

Clarke, Donald Henderson – In the Reign of Rothstein 1929 – Grosset & Dunlap

Conable, Alfred and Edward Silberfarb – Tigers of Tammany 1967 – Holt, Rinehart & Winston

Dan, Uri and Dennis Eisenberg, Eli Landau – Meyer Lansky: Mogul of the Mob 1979 – Paddington Press, LTD

Dimona, Joseph and George Wolf – Frank Costello: Prime Minister of the Underworld 1974 – William Morrow Company

Fowler, Gene – The Great Mouth Piece: A Life Story of William J. Fallon 1931 – Grosset & Dunlap

Fried, Albert – The Rise and Fall of the Jewish Gangster in America 1980 – Holt, Rinehart and Winston

Gosch, Martin A. and Richard Hammer – The Last Testament of Lucky Luciano 1974 – Little, Brown & Company

Joselit, Jenna Weissman – Our Gang: Jewish Crime and the New York Jewish Community (1900-1940) 1983 – Indiana University Press

Katcher, Leo – The Big Bankroll: The Life and Times of Arnold Rothstein 1959 – Arlington House

Katz, Leonard – Uncle Frank: The Biography of Frank Costello 1973 – Drake Publishers

Lacey, Robert – Little Man: Meyer Lansky and the Gangster Life } – 1991 – Little, Brown & Company

Levine, Gary – Anatomy of a Gangster: Jack "Legs" Diamond 1979 – A. S. Barnes & Co.

Logan, Andy – Against the Evidence: The Becker-Rosenthal Affair 1970 – McCall Publishing Company

Marx, Samuel – Broadway Gangsters and Their Rackets 1929 – Haldeman-Julius

Peterson, Virgil W. – The Mob: 200 Years of Organized Crime in New York 1983 – Green Hill Publishers

Raymond, Allen and Craig Thompson – Gang Rule in New York 1940 – Dial Press

Rothstein-Behar, Carolyn – Now I'll Tell 1934 – Holt, Rinehart & Winston

Sifakis, Carl – The Mafia Encyclopedia 1987 – Facts on File Publications

Walker, Stanley – The Night Club Era 1931 – Frederick A. Stokes Company

JACK RUBY

Anson,R. They've Killed the President! 1975 (218-45)

Assn. National Security Alumni. Unclassified 1996-F (15)

Blumenthal,S. Yazijian,H. Government by Gunplay. 1976 (123-6)

Davis,J. Mafia Kingfish. 1989

Denton,S. Morris,R. The Money and the Power. 2001 (119, 201, 207, 251-2)

DiEugenio,J. Destiny Betrayed. 1992 (60-2, 76-83, 138-9)
DiEugenio,J. Pease,L. The Assassinations. 2003 (125-6, 226-8, 330-1)
Duffy,J. Ricci,V. The Assassination of John F. Kennedy. 1992 (410-6)
Fensterwald,B. Coincidence or Conspiracy? 1977 (55-67, 259-60, 273-84, 408)
Frazier,H. Uncloaking the CIA. 1978 (212-3)
Furiati,C. ZR Rifle. 1994 (72, 82, 98, 106-7, 115, 123, 125, 131-2)
Garrison,J. On the Trail of the Assassins. 1988 (217-9, 241, 274, 286)
Giancana,S.& C. Double Cross. 1992 (140, 259-60, 278-9, 287, 324, 329-32)
Gritz,J. Called to Serve. 1991 (532-4)
Groden,R. Livingstone,H. High Treason. 1990 (118, 142, 165-6, 237, 291-2, 295-8, 310, 318-9, 413, 461)
Hepburn,J. Farewell America. 1968 (282-3, 339)
Hersh,S. The Dark Side of Camelot. 1997 (450-1)
Hinckle,W. If You Have a Lemon, Make Lemonade. 1990 (221-2)
Hinckle,W. Turner,W. The Fish is Red. 1981 (215-7)
Kantor,S. The Ruby Cover-up. 1992
LaFontaine,R.& M. Oswald Talked. 1996
Lane,M. Plausible Denial. 1991 (296-7)
Marrs,J. Crossfire. 1990 (19, 25, 36-7, 93-4, 167, 206, 235, 260, 269-70,

293, 324-8, 352, 366-7, 380-434, 561)

Melanson,P. Spy Saga. 1990 (93)

Moldea,D. Dark Victory. 1987 (234)

Moldea,D. The Hoffa Wars. 1978 (6, 152-69, 280)

Morrow,R. First Hand Knowledge. 1992 (163, 165)

National Reporter 1987-SP (46-7)

New Times Magazine (U.S.) 1978-01-23 (46-50, 81)

Oglesby,C. The Yankee and Cowboy War. 1976 (109-43)

Parenti,M. Dirty Truths. 1996 (169, 180)

Penthouse 1981-10 (180-1)

Piper,M.C. Final Judgment. 1993 (136-7, 157-8, 163-78)

Ragano,F. Raab,S. Mob Lawyer. 1994 (241-2, 327, 360)

Ramsay,R. Conspiracy Theories. 2000 (91)

Russell,D. The Man Who Knew Too Much. 1992 (578-9, 587-8, 606, 676, 682-4)

Sale,K. Power Shift. 1976 (128)

Scheim,D. Contract on America. 1988

Scott,P.D. Crime and Coverup. 1977 (20, 29, 36, 38-46)

Scott,P.D. Deep Politics. 1993

Scott,P.D. The Assassinations: Dallas and Beyond. 1976 (367-71)

Spin Magazine 1994-03 (87)

Stich,R. Defrauding America. 1994 (438)

Summers,A. Conspiracy. 1981 (454-95)

Summers,A. Official and Confidential. 1993 (320, 325, 328-9)

Turner,W. Christian,J. The Assassination of RFK. 1993 (194-5)

Vankin,J. Conspiracies, Cover-ups, and Crimes. 1991 (135)

Weissman,S. Big Brother and the Holding Company. 1974 (118-22)

LEVINE SAMUEL (RED)

Lacey,R. Little Man. 1991 (64)

Messick,H. Lansky. 1973 (27-8, 43)

MOSES SIDWIRTZ (MOE SEDWAY)

Denton,S. Morris,R. The Money and the Power. 2001 (102, 110-1)

Lacey,R. Little Man. 1991 (51, 104, 152, 158)

Messick,H. Lansky. 1973 (144, 152, 276)

Piper,M.C. Final Judgment. 1993 (83)

Reid,E. Demaris,O. The Green Felt Jungle. 1964 (13-5, 29-33, 148)

BENJAMIN SIEGEL (BUGSY)

Bellett,G. Age of Secrets. 1995 (26)

CounterSpy 1984-08 (23)

Davis,J. Mafia Dynasty. 1993 (31-2, 36, 109)

Denton,S. Morris,R. The Money and the Power. 2001 (5-6, 22, 27-8, 49-58)

Drosnin,M. Citizen Hughes. 1985 (118-9)

Giancana,S.& C. Double Cross. 1992 (141, 143-4, 263)

Johnston,D. Temples of Chance. 1992 (228)

Kwitny,J. Vicious Circles. 1979 (65)

Lacey,R. Little Man. 1991

Marrs,J. Crossfire. 1990 (169)

McCoy,A. The Politics of Heroin. 1991 (28)

Messick,H. Lansky. 1973

Moldea,D. Dark Victory. 1987 (xvi, 20, 25, 37, 85-6)

Piper,M.C. Final Judgment. 1993 (71, 77, 83, 124-5, 154-5)

Raviv,D. Melman,Y. Friends in Deed. 1994 (41-2)

Reid,E. Demaris,O. The Green Felt Jungle. 1964 (12-29)

Rolling Stone 1976-05-20 (45)

Rothmiller,M. Goldman,I. L.A. Secret Police. 1992 (145)
San Antonio Express-News 1998-12-09 (5A)
Scheim,D. Contract on America. 1988 (120, 309)
Scott,P.D. Deep Politics. 1993 (157)
Summers,A. Official and Confidential. 1993 (228, 243)
Summers,A. The Arrogance of Power. 2000 (54)
Vankin,J. Conspiracies, Cover-ups, and Crimes. 1991 (159)

ALBERT TANNENBAUM (ALLIE TIC TOC)

Messick,H. Lansky. 1973 (99, 103-9)

ABE WEINBERG (BO)

Lacey,R. Little Man. 1991 (64-5)

IRVING WEXLER (WAXEY GORDON)

McCoy,A. The Politics of Heroin. 1991 (26, 28)
Messick,H. Lansky. 1973 (23-4, 73-4)
Reid,E. Demaris,O. The Green Felt Jungle. 1964 (16)

CHARLIE WORKMAN (THE BUG)

Messick,H. Lansky. 1973 (79)

ABNER ZWILLMAN (LONGY)

Denton,S. Morris,R. The Money and the Power. 2001 (193-4, 268)

Giancana,S.& C. Double Cross. 1992 (187)

Hersh,S. The Dark Side of Camelot. 1997 (47, 51, 54)

Kantor,S. The Ruby Cover-up. 1992 (200)

Lacey,R. Little Man. 1991 (65)

Lundberg,F. The Rich and the Super-Rich. 1969 (114)

Messick,H. Lansky. 1973 (22, 38, 73-5, 77, 206, 217)

Moldea,D. Dark Victory. 1987 (24, 88, 137)

Reid,E. Demaris,O. The Green Felt Jungle. 1964 (16-7, 20, 56, 146, 186)